KB040725

밥 프록터의
본 리치

밥 프록터의 본 리치

밥 프록터 지음 · 김문주 옮김

부와 성공을 이루는 10가지 위대한 발견

BORN
RICH

Bob Proctor

비즈니스북스

옮긴이 김문주

연세대학교 정치외교학과 졸업 후 연세대학교 신문방송학과 석사를 수료하였다. 현재 번역 에이전시 엔터스코리아에서 전문 번역가로 활동하고 있다. 주요 역서로는 《밥 프록터 부의 확신》, 《캐치》, 《설득은 마술사처럼》, 《물어봐줘서 고마워요》, 《생각한다는 착각》, 《거울 앞에서 너무 많은 시간을 보냈다》, 《세이프 오브 워터》, 《인생이 빛나는 마법》 등이 있다.

밥 프록터의 본 리치

1판 1쇄 발행 2024년 1월 19일
1판 3쇄 발행 2024년 2월 1일

지은이 | 밥 프록터
옮긴이 | 김문주
발행인 | 홍영태
편집인 | 김미란
발행처 | (주)비즈니스북스
등 록 | 제2000-000225호(2000년 2월 28일)
주 소 | 03991 서울시 마포구 월드컵북로6길 3 이노베이스빌딩 7층
전 화 | (02)338-9449
팩 스 | (02)338-6543
대표메일 | bb@businessbooks.co.kr
홈페이지 | http://www.businessbooks.co.kr
블로그 | http://blog.naver.com/biz_books
페이스북 | thebizbooks
ISBN 979-11-6254-358-0 03190

남쪽에서 햇빛을 끌고 와
브라이언, 콜린, 레이먼드에게 기꺼이 나눠준
린다에게 바친다

오직 하나뿐인 당신

풀잎 하나하나

그리고 눈송이 하나하나

이들은 조금씩 다른 존재들.

이 세상에 똑같은 건 없지, 그렇지.

모래알 한 알처럼 작은 것부터

거대한 별 하나까지

모든 존재는 이런 마음으로 탄생했지.

그저 자기 모습 그대로 존재한다는 마음으로!

그러니 흉내 낸다는 건 얼마나 어리석은가!

겉치레란 얼마나 쓸모없는가!

우리 하나하나는 '마음'에서 나왔고

마음에서 나오는 생각은 절대 끝나지 않지.

이 세상에 나란 존재는 그저 하나뿐이니

내가 무엇을 할 수 있는지 보여주려 해.

그리고 당신 또한 몹시도 자랑스럽게 느껴야 하네.

당신은 오직 한 명이니까.

그렇게 모든 것이 시작되지.

당신에게서,

그 경이롭고 무한한 가능성을 지닌 인간에게서.

– 제임스 무어 James T. Moore

차례

제1장 ♟ **돈과 나, 어떤 관계일까?**   33

●

영혼의 선장이 되어
힘차게 노를 저어갈 당신에게

누군가가 "당신은 부자로 태어났다."라는 말을 건넨다면 어떤 생각이 드는가? 20여 년 전의 나였다면 바로 화를 냈을 것이다. 뭐 하나 되는 일이 없었고, 용서할 수 없는 가족과 불공평한 세상에 분노했다. 열심히 일해도 손가락 사이로 모래알이 빠져나가듯 돈과 나는 인연이 없어 보였다. 그때의 나라면 "무슨 미친 소리야?"라며 까칠하게 반문했을 터다.

그랬던 내가 지금 그리스 아테네에서 지중해의 에너지를 모두 담아 한국 대표로 《밥 프록터의 본 리치》의 추천사를 쓰고 있다니! 이보다 최고의 크리스마스가 있을까? 지금 누군가가 나에게 "당신은 부자로 태어났습니다!"라고 말한다면, 나는 확신을 갖고 말할 것이다. "당연하죠! 부자로 태어났으니 우리는 최고를 누려야 합니다!"

가난, 결핍, 부정 덩어리 최고봉이었던 내가 180도 다른 삶을 살고 있기에, 15년간 마인드파워 교육을 통해 수많은 사람이 인생 대반전을 이루는 것을 보았기에, 자신 있게 말할 수 있다. 인생의 바닥을 치던 사람들이 원했던 집을 사고, 드림 카를 몰고, 실적을 달성하고, 건강을 되찾고 진정 행복한 부자가 되는 모습을 지켜봤기에 확신한다.

당신도 할 수 있다고!

벌써 여섯 번째 추천사를 쓰게 되다니! 2022년 밥 프록터가 세상을 떠난 후 그의 베스트셀러들이 계속 출간되면서 나 역시 바빠졌다. 하지만 더 많은 이들의 삶이 바뀔 수 있는 작업이기에 감사하다. 밥 프록터는 하늘의 별이 된 후에도 이렇게 값진 아이디어로 더 많은 사람에게 큰 영향력을 펼치고 있으니 그가 살아 있을 때 말한 대로 된 셈이다.

어떤 생각이 우리의 잠재의식에 뿌리를 내리느냐에 따라서 인생은 송두리째 바뀔 수 있다. 당신은 어떤 생각의 씨앗을 심을 것인가? 그 씨앗이 뿌려지는 그 순간이 바로 인생의 전환점이 될 것이다. 이 책의 진수를 다 흡수하고 진정 풍요로운 삶을 위한 씨앗을 심어라.

풍요로운 삶을 원한다면, 이 과정은 필수다

나는 '부자'라는 단어만 들어도 거북해하던 사람이었다. 물건을 살 때도 꼬깃꼬깃한 천 원짜리 지폐를 궁핍하게 꺼내곤 했다. 심지어 빌려준 돈을 달라는 말조차 못 했다. 그랬으니 돈은 나를 얼마나 불편해했겠는가? 나도 모르게 돈을 함부로 대했고 내가 돈을 함부로 대하니 에너지의 법칙상 돈이 나를 좋아할 리 없었다. 나는 부자가 되고 싶었지만, 나도 모르게 돈을 밀어내면서 부자가 되기를 거부했다.

이 책에 나오듯 부자들은 돈에 대해 편안한 마음을 갖고 있기에 돈이 저절로 찾아온다. 그들은 끊임없이 자신이 풍요로워지는 이미지를 마음속에 그리고 반복 연습한다. 풍요로운 삶을 원한다면 의식적으로 풍요를 떠올리고 반복해야 한다.

대부분의 사람은 자신의 은행 잔고가 비어 있는 것을 발견하고 돈이 없다고 생각하며 가난과 연계시킨다. 이렇게 마음속에 형성된 개념은 현실로 나타나고 자신이 원하지 않는 상태가 되풀이된다. 그런 생각이 당신을 가난한 상태로 머물게 만드는 요인이 된다. 당신의 은행 잔고, 판매실적, 사회적 지위, 건강, 관계 등 모든 것은 당신이 그동안 생각해 오던 것의 결과임을 깨달아야 한다. 지긋지긋한 현실을 진정으로 바꾸길 원한다면 지금껏 갖고 있던 당신의 생각을 바꿔야 한다. 바로 지금 당장! 변화를 위해서는 '용기'가 필요하다.

단 한 번뿐인 소중한 당신의 인생이다

보이지 않는 세상이 보이는 세상을 창조한다. 당신이 마음속에 그린 대로 인생은 흘러간다. 그러니 밥 프록터가 말했듯 '이해'와 '적용'이 반드시 따라야 한다. 책을 많이 읽어서 지식을 늘리는 것보다 더 중요한 것은 하나를 읽더라도 제대로 이해하고 적용하는 것이다. 이 책에 담긴 정수를 공부하고 끊임없이 반복하자. 그의 이야기가 가슴에 와닿을 때까지.

기억하라! 단 한 번뿐인 소중한 당신의 인생이다. 남의 삶을 대신 사는 것이 아니기에 인간이 가질 수 있는 최고의 삶을 누려야 한다. 당신은 이 모든 것을 누릴 충분한 가치가 있는 소중한 존재다. 기꺼이 안전 박스에서 나와 영혼의 선장이 되어 인생의 노를 저어갈 당신에게 뜨거운 박수를 보낸다.

인생은 진정 풍요롭다. 당신이 선택한 바로 그 순간부터!
기억하라! 당신은 진정 부자로 태어났다!

2023년 12월 크리스마스, 지중해의 기운을 담아,
조성희(마인드파워 스쿨 대표, 밥 프록터 한국 유일 비즈니스 파트너)

●

내 안에 잠들어 있는 가능성을 깨우다

지그 지글러Zig Ziglar는 위대한 동기 부여 전문가다.《영혼을 위한 닭고기 수프》를 쓴 마크 빅터 한센Mark Victor Hansen은 최고의 이야기꾼이다. 토니 로빈스(앤서니 로빈스)Anthony Robbins는 자기계발의 스승이다. 하지만 밥 프록터Bob Proctor는 위대한 사상가다. 그 누구도 인생을 체계적으로 조직하는 데 그보다 뛰어날 수 없다. 그는 두말할 필요 없이 최고다.

다른 한편으로 밥 프록터는 생각을 수집하는 사람이다. 필리핀의 영부인 이멜다 마르코스가 3,000켤레의 구두를 수집했다면, 프록터는 사람들의 생각을 수집했다. 프록터는 아름다운 방식으로 생각을 엮어낸다. 하나의 생각은 논리성을 갖춘 채 다음 생각으로 이어지고, 그렇게 생각이 확장되며 완전한 방식으로 구성된다.

《밥 프록터의 본 리치》에서 밥 프록터는 다시 한번 새로운 생각의 방식을 만들어낸다. 성공이란 당신이 가지지 못한 뭔가를 얻기 위해 손을 뻗어야만 하는 것이 아니다. 그것들은 이미 존재하고 있으니, 이 조각들을 손에 쥐고 재배열하기만 하면 된다. 프록터는 이 놀라운 발견을 향해 한 걸음 한 걸음 다가간다.

나는 책을 읽어나가며 자신이 직접 겪은 사례들을 신중하게 제시하는 프록터의 모습에 완전히 마음을 빼앗겼다. 그리고 그가 말하는 것들을 진행 중인 프로젝트와 인간관계에 곧바로 적용했다. 여기서 이 책의 위대한 가치가 드러난다. 이 책에서 말하는 주요 개념과 결론은 우리 삶에 곧바로 적용할 수 있으며, 마지막 장을 넘기기도 전에 우리에게 영향을 미치기 시작한다.

프록터는 가끔 자신의 제안이 딱히 새롭지는 않다고 털어놓곤 했는데, 이는 그의 겸손함에서 나온 이야기다. 그가 제시하는 내용이 완전히 새로운 것은 아니라 해도, 분명 미묘한 차이를 갖고 있다. 그래서 내게는 새롭게 와닿았으며, 그 가운데 일부는 성공과 실패를 가르는 데 지대한 영향을 미쳤다.

나는 프록터가 알려준 명백한 성공의 개념 중 일부가 내 인생에서 휴지休止 상태로 있으면서 제대로 인식되지 못했음을 깨달았다. 프록터 덕에 내가 이미 알고 있으며 이해한다고 생각했으나 실은 내 안에 잠들어 있던 개념들, 그리고 개인적으로 지지하는 개념들이 활성화되었다. 나아가 훨씬 더 쉽게 활용할 수 있도록 순서대로 재배열되었다. 《밥 프록터의 본리치》에 담긴 이론들은 언제 어디서나, 누구에게든 효과를 발휘할 수 있다. 그만큼 '실용적이다'이다.

밥 프록터는 위대한 금융업자이자 자선가인 앤드루 카네기Andrew Carnegie가 주창한 현대 성공학의 계보를 직접적으로 잇는다. 카네기의 비밀은 나폴레온 힐에게 영감을 주고 열광하게 만들었다. 나폴레온 힐Napoleon Hill이 쓴 《생각하라 그리고 부자가 되어라》는 다양한 분야를 아우르며 가장 대중적이고 영향력 있는 성공 철학서로 자리했고 전체 장르를 발전시켰다. 나폴레온 힐은 뒤이어 얼 나이팅게일Nightingale에게 바통을 넘겼고, 나이팅게일은 그 후 밥 프록터의 유능한 손에 이를 쥐어주었다.

밥 프록터는 나이팅게일 코넌트 사의 거장들, 이들과 일하는 강연가 및 작가들에게서 가르침을 받았다. 그리고 거장들의 발견을 경외하고 음미하며 성장해서 홀로서기를 시도했다.

프록터가 시공을 초월한 이 원칙들에 대한 지식을 나누기 시작하자 그 흐름은 걷잡을 수 없이 커졌다. 그의 책과 테이프, 인터넷 메시지는 수많은 사람에게 영감을 안겨주고 있다.

insight@bobproctor.com에 이메일을 보내서 밥 프록터가 무료로 제공하는 '오늘의 생각'Thought of the Day 프로그램을 신청하자. 나는 이 프로그램으로 하루를 시작한다.

밥 프록터의 지혜를 가까이 접하고 활용하는 것은 단순히 최신 유행하는 성공학을 따르는 것과는 다르다. 그는 3대에 걸쳐 펼쳐지는 인간 본성과 성공에 대해 끊임없이 연구했으며, 이제 우리는 이 책에서 그 정수를 만날 수 있다. 밥 프록터는 성공학의 큐레이터이며 이 위대한 책은 보물과도 같은 교훈을 아낌없이 보여준다. 이 책은 가장 훌륭한 읽을거리가 되어주리라.

더그 위드
(사업가이자 연설가, 조지 부시George H. W. Bush 정부 시절
백악관 특별보좌관으로 근무)

서문

●

진정 풍요로운 삶은 이미 우리 안에 있다

사람은 누구나 부자로 태어난다. 이 말은 정확히 어떤 의미
일까?

당신이 부자로 태어났지만 잠시 금전적인 어려움을 겪을
수도 있다는 의미다. 이 책을 쓴 목적은 당신이 놓여 있는 현
재 상황과 당신이 원하는 미래의 간격을 좁혀주기 위해서다.
이 책을 천천히 한 장 한 장 읽어나가는 동안 당신은 분명 삶
의 조각들을 하나로 맞출 수 있을 것이다. 당신이 꿈꾸는 풍
요로운 인생을 그릴 수 있음은 물론이고, 그 그림이 당신의
삶에서 현실로 나타날 것이다.

인생은 꼭 맞는 조각들과 색깔을 가진 큐브와 같다. 하지

만 그 조각들을 맞추어나가는 과정이 순탄하지만은 않을 수도 있다. 때로는 좌절할 것이고, 어쩌면 힘겨운 상황이 지속될 수도 있다. 한두 개 빠진 조각들 때문에 아귀가 맞지 않는 퍼즐판처럼 말이다.

이 책에서 내가 하는 말들은 당신에게 매우 익숙한 말들이다. 익숙한 이야기를 굳이 하는 이유는 무엇일까? 당신이 이미 알라딘의 마술램프를 가지고 있다는 걸 알려주기 위해서다. 당신이 찾아 헤매는 것들은 이미 당신의 손안에 쥐어져 있다. 그것을 찾기만 하면 된다. 이 책은 당신이 이미 쥐고 있는 것들을 찾아낸 뒤 그것을 통해 당신이 원하는 곳으로 갈 수 있게 안내해줄 것이다. 그 방법들은 의외로 간단하다. 반면 각 장마다 제시하고 있는 아이디어와 방법들은 간단하지만 실로 엄청난 가치를 지니고 있다. 무엇보다 효율적이고 실용적이다.

나는 지난 40년간 이러한 방법들을 개인적으로 검증해왔다. 나 스스로 검증했을 뿐만 아니라, 수많은 사람이 내가 주최한 세미나에 참여해 이를 직접 검증했다. 따라서 직접적이고도 간접적인 내 경험에서 도출한 이 방법들은 아주 특별한 것이다. 삶을 영위할 수 없을 정도로 가난했던 사람들이 내가 제시한 방법을 따르면서 부유한 생활을 누리게 되었다.

생활고 때문에 스트레스를 받던 사람들이 행복하고 균형 있는 삶을 살게 된 경우도 상당히 많다.

이제 당신은 이 방법들을 당신의 삶에서 테스트할 기회를 얻었다. 당신이 원하는 것은 무엇인가? 먼저 그것을 반드시 가질 수 있다는 믿음을 가져라. 당신이 원하는 것이 무엇이든 모두 가질 수 있다. 단, 지금부터 내가 제시하는 것들을 명확하게 이해하고 곧바로 삶에 적용해야 한다.

간절히 바라는 것은 어떻게 얻을 수 있을까? 책을 많이 읽는다거나 무작정 내용을 외운다고 해서 이루어지는 것은 결코 아니다. 내가 전하는 메시지를 올바르게 이해하고 적용하는 것이 가장 중요하다. 누가 뭐라고 하든 그것을 증명해낼 사람은 다른 사람이 아닌 바로 당신이다.

온갖 과학적인 자료를 동원해 내가 제시하는 방법들이 효과가 있다는 것을 보여줄 수도 있다. 그러나 그런 분석에 의지하고 만족하는 것은 당신의 실제 삶에는 별로 도움이 되지 않는다. 이 책에서 내가 제시하는 방법들은, 사람들이 그것을 자기 실생활에 적용해 좋은 결과를 얻은 것들이다. 대신 과학적 연구 같은 것은 최대한 배제했다. 그런 것은 결과적으로 쓸모가 없음을 누구보다도 잘 알고 있기 때문이다.

이 책은 당신의 목적을 이루는 데 정신적인 길잡이가 되도록 쓰였다. 한 장 한 장 읽어나가면서 자신의 진정한 모습과 놀라운 능력에 차츰 눈뜨게 될 것이다. 하지만 그 전에 중요한 사실 하나를 염두에 두고 이 책을 읽기 바란다. 당신에게 나타난 모든 결과는 그것이 정신적인 것이든 물질적인 것이든, 잠재되어 있던 능력이 우연히 발휘된 것이 아니다. 당신의 강한 의지와 행동에 의해 나타난 결과다. 이 점을 반드시 명심해야 한다.

이제부터 당신의 인생을 변화시키기 위해 이 책에서 배워야 할 것들을 잠시 살펴보자.

제1장의 '돈과 나, 어떤 관계일까?'에서는 돈이라는 것이 실제로 무엇인지에 대해 알아보려 한다. 또한 위대한 생각을 했던 사람들이 "사람들을 사랑하라, 그리고 돈을 이용하라." 라고 말한 이유를 살펴볼 것이다. 이를 통해 부주의한 사람들이 반대의 결과를 얻는 이유 또한 알 수 있다. 이 장에서는 많은 재산을 소유하는 것이 결코 죄악이 되지 않는다는 사실을 깨닫고, 오히려 부자가 되는 것이 당신의 의무라는 결론을 얻을 것이다.

제2장 '얼마만큼의 돈이면 충분할까?'에서는 당신의 생각과 실제 재정 상태 사이에 어떤 관계가 있는지 주의 깊게 살펴본다. 이를 통해 당신에게 얼마만큼의 돈이 필요한지 그

액수를 결정하는 방법을 알아볼 것이다. 이 과정에서 당신이 원하는 삶을 누리고 원하는 것을 소유하기 위해 반드시 목표로 하는 액수의 돈을 가져야만 한다는 걸 깨닫게 될 것이다. 당신에게 얼마만큼의 돈이 필요한지 알게 되었다면 다음 장으로 갈 준비가 되었다.

제3장의 제목은 '이미지를 창조하고 그 힘을 활용하라'다. 이 장에서는 당신의 삶을 지배하는 것이 '이미지'라는 사실을 깨닫게 될 것이다. 그리고 마음속에서 원하는 이미지를 명확히 인식하는 방법과 원하는 목표를 위해서 실제 당신이 그 이미지들을 창조하는 주인임을 서서히 이해하게 된다.

제4장 '내려놓고 신에게 맡겨두어라'에서는 깊은 이해에서 나오는 강한 신념을 키울 수 있도록 돕는다. 마음속 이미지를 내면의 힘으로 돌려 그것이 실질적인 현실로 나타나게 하려면 어떻게 해야 하는지, 그 이미지들을 자유롭게 펼쳐내는 방법을 살펴보려 한다.

제5장 '열망하고 기대한 만큼 풍요가 찾아온다'에서는 마음이 넓어지는 경험을 하게 된다. 이 경험을 통해 '기대'라는 단어가 새로운 의미로 다가올 것이며 마음에서 일어나는 놀라운 힘을 느낄 것이다.

제6장 '진동의 법칙과 끌어당김의 법칙'에서는 우리가 오

랫동안 궁금증을 품어왔던 의문점들을 해소하도록 돕는다. 어떤 사람은 원하지 않는 결과를 얻는 반면 어떤 사람은 자기가 원하는 결과 그대로를 얻는다. 그 이유가 무엇인지 알게 되는 것은 물론이고, 당신이 원하는 것을 끌어오는 방법 또한 배울 수 있다.

제7장 '위험을 무릅써야만 얻게 되는 것들'에서는 안정만을 추구하는 사람에게는 그 어떤 대가나 보상도 주어지지 않는다는 것을 살펴보려 한다. 당신이 원하는 목적지를 위해서 내딛는 첫걸음은 매우 중요하다.

인생에서 진정으로 승자가 되는 사람들은 그렇지 않은 사람들보다 2~3퍼센트 더 효율적인 사람들이다. 제8장 '면도날만큼의 차이가 성패를 가른다'에서는 아주 작은 차이가 얼마나 큰 결과의 차이를 가져오는지를 보여준다. 당신은 그 누구보다도 모든 면에서 훨씬 더 효율적인 사람이 될 수 있다. 만약 의심과 열등감을 느끼는 사람이 있다면 자신이 목표로 한 곳에 다다를 즈음 열등감이 저만큼 멀어져 있음을 알게 될 것이다.

그뿐 아니다. 실패에 연연하지 않을 때 찾아오는 이점을 일목요연하게 보여준다. 당신이 목표로 한 종착역에 다다를 즈음엔 결코 지나간 실수나 실패에 연연해서는 안 된다는 것을 제9장에서 배울 것이다. 제9장 '과거에 연연하지 말고 미래를 꿈꿔라'에서는 어째서 사람들이 계속해서 같은 결과를 얻는지에 대한 답을 찾을 수 있다. 인생에서 성공하는 사람들이 공통적으로 지닌 가장 기본적이고도 중요한 특징은 과거에 집착하지 않는다는 점이다. 여기서는 과거가 아닌 미래를 향할 때 찾아오는 것들을 배울 수 있다.

마지막 제10장 '번영을 위한 비움의 법칙'은 원하는 것을 이룰 수 있도록 모든 문을 열어준다. 이 법칙을 배움으로써 결과를 얻는 것을 넘어 그 속에서 진정한 기쁨을 느낄 수 있다. 이 법칙은 앞서 얘기한 모든 방법을 모아 당신이 꿈꾸는 삶을 안전하게 그리고 오차 없이 실현하도록 돕는다.

본문을 시작하기 전에 단지 읽고 암기하는 것은 당신에게 아무런 도움이 되지 않는다는 것을 다시 한번 강조하고 싶다. 당신이 원하는 목표를 달성하기 위해서는 마음속 깊이 이해하고, 올바르게 실행에 옮겨야 한다. 그것 외에는 방법이 없다.

각각의 방법들을 하나하나 깊게 숙고하라. 이 아이디어들은 단순하면서 그리 어렵지 않은 것들이다. 무슨 일이 있어도 실천에 옮겨야 한다. 이 책을 항상 가까운 곳에 두고 꾸준히 반복해 읽는다면 당신이 꿈꾸던 모든 것이 현실에서 구체화되는 모습을 보게 될 것이다.

새로운 삶으로의 여행을 진정으로 즐기기를 바란다. 그런 간절한 마음을 담아 이 책을 썼다.

진리를 아는 사람은

진리를 사랑하는 법을 배운다.

진리를 사랑하는 사람은

진리와 더불어 살아가는 법을 배운다.

밥 프록터

●

당신이 상상하는 그대로 이뤄질 것이다

찰나가 만들어낼 수 있는 차이는 엄청나다.

1984년 《밥 프록터의 위대한 발견》Born Rich을 출간한 프록터는 떠오르는 스타였다. 세계적으로 유명한 강연가이자 동기부여 코치로 인정받았고, 대중과 기업들 모두에게서 최선의 성과를 끌어내며 전 세계적인 명성을 얻었다. 이 책은 곧 베스트셀러가 되었고 프록터가 성공하는 데 주춧돌이 되었다.

2006년 8월, 나는 워싱턴주 밴쿠버에서 열리는 프록터의 행사에 참석했다. 사람들이 도대체 무엇에 열광하는지 궁금했다. 지난 20년 동안 나는 법률 분야에서 꽤 높은 평가를 받는 사람이었고, 내 미래가 어떤 식으로 펼쳐질지도 잘 파악하고 있었다.

그날 프록터의 강연을 들으며 나는 내 인생이 송두리째 바뀌는 순간을 맞았다. 정말이지 예상치 못한 순간이었다. 무대 위의 밥 프록터에게서 배움을 얻은 다음 날, 나는 법률사무소 문을 닫았다. 법률과 관련한 업무를 내려놓고 새로운 커리어를 시작했으며, 그동안 꿈만 꿔온 높은 지점까지 오를 수 있었다.

"사람들 대부분이 '인생'이라는 자신의 영화에서 엑스트라를 맡고 있어요." 프록터는 무대조명이 비추는 강단의 가장자리에 서서 엄청난 수의 청중을 보며 이렇게 말했다. 그의 눈은 나를 향하고 있었다.

그의 말은 사실이었다. 나는 결코 내 영화의 주인공이 아니라 그저 엑스트라에 불과했다. 주인공은 항상 다른 누군가였다. 나는 언제나 그 사람들을 기쁘게 해주려고 노력했으며 그들의 기준과 생각에 맞추려고 애쓰며 살고 있었다. 당시 나는 마흔세 살이었고 평생 다른 사람들이 하라는 대로 하며 살았다.

프록터의 말이 내 생각을 완전히 바꿔놓았다. 내가 알고 있다고 생각했던 모든 것이 틀렸음을 깨달았다. 나는 상상하기 시작했다. 내가 원하는 사람, 내가 될 수 있다고 믿는 그런 사람이 된다면 어떤 인생을 살 수 있을지를 말이다. 프록터는 내게 무한한 가능성이 있고 이미 부자로 태어났다며 말을 건넸다. 그리고 그 순간 나는 프록터를 믿었다.

몇 년이 지난 지금, 감정을 빼고 담담히 이 말을 전달하기가 쉽지 않다. 그날 프록터의 강연을 들으며 감전이라도 된 듯 깜짝 놀랐기 때문이다. 그 순간에 나는 내가 어마어마한 부자로 태어났으며, 무엇이든 할 수 있을 뿐만 아니라 마음먹은 대로 손에 넣을 수 있음을 깨달았다. 나는 비범한 신이 직접 창조해낸 작품이었다.

그 후 몇 달 동안 나는 프록터와 개인적인 인연을 깊이 쌓을 기회를 얻었다. 시간이 흐르면서 나는 내 친구이자 멘토인 프록터와 함께 활동했고 프록터 갤러거 인스티튜트Proctor Gallagher Institute의 공동창업자이자 CEO, 그리고 사장이 되었다. 이제 프록터 갤러거 인스티튜트는 세계에서 가장 중요한 자기계발 코칭 기관 가운데 하나다.

오늘날 내가 내쉬는 숨결 하나하나에 몇 년 전 프록터와 함께 보낸 그 기념할 만한 순간들이 모두 담겨 있다.

《밥 프록터의 위대한 발견》의 개정판인《밥 프록터의 본리치》가 당신의 삶을 바꿔놓을 것이다. 주목하자. 이제는 더 이상 제대로 살아내지 않는 삶에 핑계를 대서는 안 된다.《밥 프록터의 본 리치》는 당신이 선택한 여정에 들릴 복음이자 기쁜 소식이다.

"사람들 대부분은 '인생'이라는 자신의 영화에서
엑스트라 역할을 맡고 있어요."

– 밥 프록터

프록터는 내게 모든 사람이 부자로 태어났음을 널리 알리기 위해 개정판을 함께 내자고 제안했다. 이 책은 독자들에게 장엄한 경험이 될 것이며, 현재의 자리에서 직접 선택한 목적지까지 인도해줄 로드맵이 되어줄 것이다.

인생은 하나의 여정이다. 이 여정에 나선 당신은 앞으로 공사판이나 우회로, 움푹 팬 구덩이 같은 것들과 마주치게 될 것이다. 우리가 익히 알고 있듯 이 모든 것이 삶에서 주의를 흐트러뜨린다. 이는 내 경험을 통해 깨달은 이야기다. 앞으로 어떤 인생이 펼쳐질지 상상하기 시작할 때는 당신의 결정 대부분이 직관에 반하는 것처럼 보일 수도 있음을 명심하자. 이는 지금껏 살아오던 삶과 자기 자신에 대해 다른 관점에서 생각하기 시작할 때 빈번히 벌어지는 일이다.

워싱턴 D.C.에 세워진 한국전 참전용사 기념비에는 굵은 글씨로 이렇게 새겨져 있다. "자유는 공짜가 아니다."

당연히 공짜가 아니고말고. 당신이 삶에 관해 다르게 생각하려고 결심했다면, 그 대가가 크리라는 점을 이해하자. 쉽게 얻을 수 없지만 보상은 놀라울 만큼 클 것이다. 이 보상은 자유로운 삶을 추구하겠다는 의지를 가진 이들만이 손에 넣을 수 있는 이해의 선물이기도 하다. "나를 갈구하는 자, 나를 만나리라."라는 성경 말씀은 언제나 진실이다.

이 책을 한 번 더 읽자. 열 번 더 읽자. 마지막 책장을 덮을 때마다 다르게 생각하게 될 것이다.

종은 누군가가 울려줄 때까지 종이 아니다.
노래는 누군가가 불러줄 때까지 노래가 아니다.
마음속 사랑은 그저 묻어두어서는 안 된다.
사랑은 사랑을 전할 때까지 사랑이 아니므로.

로저스와 해머스타인의 말이 맞았다. 당신이 소유하려고 마음먹은 부富를 경험하기 전까지 당신의 인생은 인생이 아니다.

인생의 모든 측면에서 프록터는 언제나 우리보다 한발 앞
서곤 했다. 2022년 그는 우리의 다음 놀이터로 먼저 떠났다.

프록터는 자신을 몹시도 그리워하는 이들을 남기고 갔지
만, 그에 앞서 우리 모두의 인생을 영원히 바꿔놓을 순간들
을 선사했다.

당신은 부자로 태어났다. 이 말에 귀를 기울이자.

샌디 갤러거

(프록터 갤러거 인스티튜트의 CEO이자 공동창업자)

· 제 1 장 ·

돈과 나,
어떤 관계일까?

"돈은 우리의 목표를 달성하기 위한 도구일 뿐
그것 자체가 목표는 아니다."

– 지그 지글러

BORN
RICH

1923년 세계에서 가장 부유한 자산가 여덟 명이 시카고의 에지워터 비치 호텔에 모였다. 당시 미국 정부보다 더 많은 돈을 운용하던 이 여덟 명의 사람들은 다음과 같다.

- 세계에서 가장 큰 철강회사의 회장
- 북아메리카에서 가장 큰 가스회사 사장
- 잘나가는 밀 거래상
- 뉴욕 증권거래소 회장
- 대통령 각료
- 월스트리트에서 가장 잘나가는 '큰손'

- 세계에서 가장 큰 전매기업의 사장
- 국제결제은행 총재

누가 봐도 세상에서 가장 성공한 사람들이 한자리에 모였다는 것이 확실했다. 적어도 돈을 버는 비법을 알아낸 사람들의 모임이라는 것만은 인정할 만했다.

25년이 흐른 후 이 사람들이 어떻게 되었는지 살펴보자.

- 세상에서 가장 큰 철강회사의 회장이었던 찰스 슈와브 Charles Schwab는 파산하고, 세상을 떠나기 전까지 5년 동안 돈을 구걸하며 살았다.
- 북아메리카에서 가장 큰 가스회사의 사장이었던 하워드 홉슨 Howard Hopson은 정신이상자가 됐다.
- 최대 규모의 밀 거래상이었던 아서 커튼 Arthur Cutton은 빈털터리로 해외에서 죽었다.
- 뉴욕 증권거래소 회장 리처드 휘트니 Richard Whitney는 싱싱교도소에 수감됐다.
- 대통령 각료였던 앨버트 폴 Albert Fall은 죽음을 앞두고 집에서 눈을 감을 수 있도록 사면받고 출감했다.
- 월스트리트에서 가장 잘나갔던 '큰손' 제시 리버모어 Jesse

Livermore는 스스로 목숨을 끊었다.

- 세계에서 가장 큰 전매기업 사장인 이바르 크뤼게르Ivar Kreuger도 자살했다.

- 국제결제은행 총재 리언 프레이저Leon Fraser 역시 스스로 세상을 등졌다.

이 사람들은 돈 버는 기술을 귀신같이 알고 있었다. 하지만 타고난 권리인 풍요로운 삶을 살아가는 법을 배운 이는 아무도 없었다. 이런 식의 이야기들 때문에 사람들은 무지에 가까운 말을 내뱉는다. "거봐, 내가 그랬잖아. 돈이 많다고 좋은 게 아니야. 큰일 난다고." 또는 "그래서 부자들이 사실은 행복하지 않다고 하는 건가 봐."

그러나 당연히 이런 말들은 진실이 아니다. 이 여덟 명은 망가지고 말았지만 부자들이 모두 그렇지는 않다. 부자들 가운데 많은 수가 아주 행복하게 잘 살아가고 있으며, 자신의 부를 활용해 큰 선행을 베풀기도 한다. 많은 부자가 건강하고 균형 잡힌 삶을 살아간다.

우리 삶에서 돈은 우리가 생각해낼 수 있는 그 어떤 생필품보다 엄청난 영향력을 발휘한다. 갑작스레 돈을 잃거나 버는 일은 정말 무시무시할 정도로 당신의 태도에 실제적인 영향을 미친다. 따라서 모든 사람이 정확히 돈이란 무엇이며 돈을 끌어당기는 법칙이 무엇인지 심층적으로 이해해야 한다. 이 점을 명심하자.

슬픈 사실은 그런 사실을 아는 사람이 열에 한 명도 되지 않는다는 점이다. 백 명 중에 아흔다섯 명은 수중에 들어온 것에 만족하며 요람에서 무덤까지 내내 더 많은 것을 손에 쥘 수 있기를 바란다. 안타깝게도 자신이 원하는 대로 다 가질 수도 있었음을 결코 깨닫지 못한다.

잠시 다른 이야기로 넘어가 보자. 이 책을 읽어나가는 과정에서 당신은 잠시 마음이 흐트러져 어마어마한 돈을 번 지인을 떠올린다거나 아니면 파산해버린 누군가를 떠올릴 수도 있다. 하지만 나는 당신이 오직 자기 자신에만 초점을 맞추길 바란다. 다른 누군가가 뭘 가졌든 혹은 가지지 못했든, 그것은 당신에게 아무런 영향도 미치지 않을 것이기 때문이다. 당신이 개선해나가야 할 것은 바로 당신의 재정 상태다. 그러니 다른 사람은 잊자.

모든 사람이 정확히 돈이란 무엇이며 돈을 끌어당기는
법칙이 무엇인지 심층적으로 이해해야만 한다.

돈은 누구에게나 중요하다

돈과 관련해서 가장 널리 퍼진 오해 중 하나는 돈의 중요성
이다. 대화 중에 "돈이 전부는 아니야.", "돈은 중요치 않아."
또는 "나는 돈 따위에는 관심없어." 같은 소리를 하는 사람들
이 얼마나 많은가.

이런 식으로 말하는 사람들은 어쩌면 돈에 연연해하지 않
을지도 모른다. 하지만 장담컨대 이 사람들에게 자동차를 파
는 영업사원은 돈을 좋아한다. 마트 주인도 돈을 좋아하고,
이 사람들의 집을 저당잡은 사람들도 돈을 좋아한다. 솔직히
문명화된 사회에서 살아가는 모든 이에게 돈은 중요하다. 이
런저런 것에 비해 돈은 그다지 중요하지 않다고 우기는 일은
터무니없는 짓이다. 그 무엇도 돈이 사용되는 영역에서 돈의
자리를 대신할 수 없다.

당신이 주인이고 돈은 하인이다

돈의 중요성을 단언한 만큼 이제 이 경고의 한마디를 더하
고 싶다. '돈은 하인이고 당신이 주인이다'라는 사실을 기억

하자. 이 공식을 반대로 생각하지 않도록 아주 조심해야 한다. 정말 똑똑한 사람들마저 거꾸로 생각하는 바람에 엄청난 손해를 보곤 하기 때문이다. 불행히도 이 불쌍한 영혼들은 돈만 사랑하고 사람은 이용하려 든다. 그래서 진정한 경제적 성공을 좌우하는 가장 기본적인 원칙을 위반하고 만다. 즉 언제나 인간을 사랑하고 돈을 이용해야 한다는 점 말이다. 절대 그 반대가 아니다.

많은 사람이 돈에 관해 철석같이 믿는 또 하나의 미신은 오직 운이나 복이 따라야만 돈을 벌 수 있다는 것이다. 예를 들어보자. 사람들이 만나서 경제적으로 성공한 지인에 관해 수다를 떨 때면 누군가는 꼭 이렇게 말한다. "해리는 운이 좋아서 돈을 많이 벌었지." "해리는 그저 때와 장소를 잘 타고 났을 뿐이야."

그러나 확실하게 강조하고 싶다. 경제적인 성공을 이루는 데 운이 작용하는 부분이 있긴 하지만, 절대로 운이 좋은 것만으로는 충분하지 않다. 돈은 결과이며 그 결과를 위해서는 언제나 노력을 기울여야 한다. 다시 한번 강조하지만 인생에서 무임승차는 없다. 누군가가 쉽게 돈을 만진다면 그는 조폐국에서 일하는 사람이든지, 감옥에 벌써 갇혔거나 곧 갇힐 사람이다. 언제나 이 사실을 명심하자. 운은 경제적 성공을 이루는 한 가지 요소이긴 하지만 반드시 노력과 수고가 함께 따라야 한다는 것을!

운은 경제적 성공을 이루는 한 가지 요소이긴 하지만
반드시 노력과 수고가 함께 따라야 한다.

돈은 돌고 돌며 사용되어야 한다

돈에 관해 알아야 할 세 번째 원칙은 사용해야만 가치 있다는 사실이다. 순환하지 않는 돈은 다락방에 처박아둔 헌 신문지나 빈 맥주 깡통만큼이나 쓸모없다. 이 원칙이 지닌 진리를 이해하고 싶다면 다음의 이야기를 곰곰이 생각해보자.

우리 집 선반에는 내가 강연을 마친 후 선물로 받은 은으로 된 맥주잔이 하나 놓여 있다. 나는 집에 갈 때마다 주머니에 있는 잔돈을 모두 털어 맥주잔 안에 넣는다. 그리고 잔이 거의 다 차면 그 돈을 내 아이들이나 두 명의 조카 가운데 한 명에게 준다. 아이들은 번갈아 가며 그 잔 속의 돈을 받기 때문에 당연히 자기 차례가 오기를 애타게 기다린다. 여기서 핵심은 무엇일까? 돈으로 맥주잔을 채우는 동안 그 안에 담긴 돈은 아무런 가치도 없다는 점이다. 그저 선반 위에 놓여 있을 뿐 이 돈은 아무런 유용한 기능도 하지 않으며 그 어떤 관심도 끌지 못한다.

그러나 맥주잔이 채워지고 아이 가운데 한 명에게 건네지면, 이제 이 돈은 날개를 단다. 예를 들어 지난주에는 조카인 티 제이가 돈을 받았다. 티 제이는 냉큼 돈을 받아 가더니 골프학원으로 달려가서 골프 강습 몇 회를 등록했다. 솔직히 골프 프로가 그 돈을 받아서 뭘 하는지는 알 수 없다. 그러나 확신을 갖고 말할 수 있는 한 가지는, 그가 그 돈을 자기 책장 선반에 놓인 컵 안에 넣어두지는 않았을 것이란 점이다.

이런 사실은 반박할 여지가 없다. 돈은 순환하지 않으면 안 된다. 우리는 돈을 사용하고, 누리고, 순환시켜야만 한다.

이쯤에서 같은 주제를 더욱 극적으로 설명한 사례를 하나 더 살펴보자. 바로 채프먼 노인의 이야기다. 채프먼 씨는 내가 어렸을 적 우리 집에서 몇 집 떨어진 곳에 살았던 나이 지긋한 신사다. 나와 채프먼 씨는 나이 차가 상당히 많았지만 금세 친구가 됐다. 나는 가끔 채프먼 씨가 작은 고물 수레를 밀며 길거리를 오가는 모습을 지켜보곤 했다.

고물 장수인 채프먼 씨는 사람들이 내다 버린 물건들을 주위 생계를 꾸렸다. 세월이 흐르고 채프먼 씨는 고된 노동으로 점점 더 등이 구부정하게 굽었다. 제2차 세계대전이 끝나고 얼마 안 된 어느 날, 그는 세상을 떠났다. 채프먼 씨는 혼자 살았고 근처에 가까운 친척이라고는 아무도 없었기에 경찰이 그의 유품을 정리하러 집으로 들어갔다. 그는 고물 장수였으니 당연하게도 집 안에 오래된 가구들과 각종 수집품이 즐비했다. 그러나 놀라운 것은 집 안 이곳저곳에 놓인 상자 안에서 10만 달러나 되는 오래된 지폐들이 발견됐다는 점이다.

결코 평범하지 않은 사건이었다. 이를 재빨리 알아챈 〈토론토 데일리 스타〉Toronto Daily Star가 다음 날 채프먼 씨의 이야기를 1면 기사로 실었다. 당연한 의문이 피어올랐다. 왜 채프먼 씨는 10만 달러가 넘는 돈을 상자에 넣어 집 안 이곳저곳에 던져놓았던 것일까?

당시 나는 꽤 어린 나이였지만 나 자신에게 비슷한 질문을 던졌다. '왜 채프먼 씨 같은 분은 마음대로 쓸 수 있는 돈이 그토록 많은데도 거지와 다름없이 살았던 걸까?' 채프먼 씨는 삶의 즐거움을 위해 돈을 쓸 수도 있었고, 그 돈을 투자해 수익을 올릴 수도 있었을 터다. 아니면 다른 사람들을 위해 일자리를 마련해주거나 그냥 은행에 넣어두고 이자를 받을 수도 있었다. 그러나 채프먼 씨는 선반 위에 올려둔 맥주

잔 안에 돈을 넣어두기로 했고, 돈을 완전히 쓸모없는 존재로 만들어버렸다.

독자들도 이 이야기에서 교훈을 얻기를 바란다. 돈은 쌓아두어서는 안 된다. 돈은 사용하고, 누리고, 순환시켜야 한다. 그러니 제발 돈으로 무엇을 하기로 마음먹었든 간에 불쌍한 채프먼 노인과 똑같은 실수를 저지르지 말기를 바란다. 이는 의심할 여지가 없는 교훈이다!

그런데 여기엔 중요한 사실이 있다. 돈이 계속 순환되어야 한다는 말이 돈을 낭비하라는 의미가 아님을 명심해주길 바란다. 이 두 가지 개념 사이에는 엄청난 차이가 있다. 그 차이가 무엇인지 아직 깨닫지 못했다면 가능한 한 빨리 알아차리길 권한다.

돈은 쌓아두어서는 안 된다.

돈은 사용하고, 누리고, 순환시켜야 한다.

원하는 부를 이미 가졌다고 생각하는 연습

이제 돈의 몇 가지 특성을 훑어보았으니 당신이 열망desire하는 만큼의 돈을 끌어모으기 위해 곧장 사용할 만한 간단한 기술로 재빨리 넘어가 보자.

당신이 실천하길 바라는 첫 번째는 마음의 눈으로 친구 몇 명과 방 안에 앉아 있는 자신의 모습을 그려보는 것이다. 그 후 친구들에게 "나는 부자가 되겠어."라고 말하는 모습을 떠올려보자. 적어도 원하는 삶의 방식대로 살 수 있을 만큼의 부를 쌓고 싶다며 자기 의향을 밝히는 모습을 시각화해보자. 어떤 기분이 드는가? 상상해보자. 대부분은 아마도 굉장히 불편한 기분이 들 것이다. 어쩌면 마음이 너무나 불편해진 나머지 친구들에게 그냥 농담일 뿐이라고 말하면서 뱉은 말을 수습하려 들지도 모른다.

그러나 돈이라는 주제를 꺼냈을 때 부유한 사람들은 절대로 불편하게 느끼지 않는다는 걸 알아야 한다. '부자들은 왜 그렇지?'라는 의문이 드는가? 가장 확실한 답은 이미 그 사람들은 돈을 아주 많이 가지고 있기 때문이라는 것이다. 그러나 정확한 답은 아니다. 부자들은 돈을 가졌기 때문에 마음 편하게 느끼는 것이 아니다. 돈에 대해 마음 편하게 느끼기 때문에 돈을 가진 것이다. 부자들이 돈을 가진 한 가지 이유는 우리가 후에 설명할 '번영의식'prosperity consciousness(행복, 성공, 부를 비롯해 풍요로운 삶을 원하는 마음)이라는 의식상태를 발달시켜왔기 때문이다. 따라서 우리가 돈을 수중으로 끌어오고 싶다면, 번영의식을 마음에 새겨야 한다는 결론에 이른다.

이제 자신에게 다음과 같은 질문을 해보자. '어떻게 하면 이 번영의식을 스스로 키워나갈 수 있을까?' 번영의식을 발달시킬 수 있는 최고의 방법은 열망하는 만큼의 돈을 이미 소유하고 있는 자신의 모습을 마음의 눈으로 보는 것이다.

번영의식의 연습 3단계

방해받지 않을 수 있는 조용하고 느긋한 장소에서 시작하자. 심호흡을 세 번 한다.

1. 마음의 눈으로 당신이 친구 여러 명과 방 안에 앉아 있는 모습을 그린다.

2. 당신이 부자가 되겠다는 의지를 표명하는 모습을 시각화한다. 그때 어떤 느낌이 들지 상상해본다.

3. 마음의 눈으로 이미 열망하는 만큼의 돈을 손에 쥔 자기 모습을 바라본다.

이 연습을 많이 하면 할수록 당신은 돈에 더 편안해질 수 있다. 그리고 돈을 끌어당기기 시작할 것이다.

잠재의식은 실제로 돈을 소유한 것과 단순한 시각화를 구분하지 못한다. 그러니 시각화를 반복하면 당신은 곧 돈에 대한 생각을 아주 편안히 받아들이게 된다. 그 결과 돈을 끌어당기기 시작할 것이다.

이것은 결코 장난이 아니다. 당신이 할 수 있는 가장 현명한 행동 가운데 하나임을 꼭 강조하고 싶다. 당신은 부자이며, 부자가 되니 기분이 좋다고 잠재의식에 확실히 심어두어라. 그렇게 하는 데 성공한다면 잠재의식은 부자가 되었다는 '상상 속' 기분을 실질적인 형태로 구현할 방법을 자동으로 찾아낸다.

지금까지 한 이야기들이 순전히 판타지처럼 들린다면, 일단은 무시하고 계속 책을 읽어나가 보자. 우리는 이 책의 여러 부분에서 번영의식을 다룰 예정이다. 장담하건대 당신이 이 책을 다 읽기도 전에 앞서 말한 것들이 충분히 납득되는 것은 물론이고 매우 타당하게 느껴질 것이다.

가난해질지도 모른다는 두려움을 버려라

당신에게 더 큰 부를 안겨줄 기술들을 살펴봤지만 유념해야 할 부분이 하나 더 있다. 이는 돈을 벌고 싶다면 절대로 하지 말아야 할 한 가지다. 바로 원하는 만큼 돈을 벌 수 있을지 혹은 그 돈을 지킬 수 있을지 걱정하는 것이다. 이에 대해 더 자세히 살펴보자.

성경에서 큰 고난을 겪는 인물인 욥은 다음과 같이 말했다. "내가 그리도 두려워하던 일이 내게 닥쳐왔고, 내가 그리도 무서워하던 일이 내게 찾아왔구나."(욥기 3:25) 여기서 잠깐 오늘날 돈에 관해 우려하는 대다수 사람에게 이 성경 말씀이 의미하는 바가 무엇인지 한번 떠올려보자.

이 성경 말씀은 우리가 돈을 충분히 벌지 못했다는 사실을 끊임없이 걱정하거나, 혹은 가진 돈을 잃게 될까 봐 습관적으로 걱정해도 그 걱정은 아무 소용없다는 의미다. 욥을 괴롭혔던 많은 시련과 마찬가지로, 우리 역시 돈이 없어서 혹은 돈을 잃어서 괴로워질 수 있다.

조금 더 현대로 와서 다시 한번 불쌍한 채프먼 노인의 비극적인 사례를 생각해보자. 채프먼 씨는 힘들게 번 돈을 한 푼도 쓰지 않았다. 왜 그랬을까? 아마 채프먼 씨는 돈을 쓰면 그만큼 가난해지고, 결국 찢어지게 가난한 삶을 살게 될 거라 걱정했을 것이다. 그러나 여기엔 모순이 있다. 가난해질지도 모른다는 두려움 때문에 채프먼 씨가 결국 극빈자처럼 살았다는 사실 말이다. 성경처럼 해석하자면 그가 가장 두려워하던 일이 그를 덮치고 만 셈이다.

다음 장에서는 우리가 왜 가장 원하지 않는 것들을 인생에 끌어들이는지 그 역설에 대해 자세히 다루려 한다. 일단 여기서는 돈에 대해 걱정하는 일이 언제나 극단적으로 정반대의 결과를 낳는다는 사실을 아는 것만으로도 충분하다. 설사 당신이 '만일을 위해 조금 저금해두는 것'이라는 진부한 말로 자신의 걱정을 합리화하려 해도 이 원칙은 여전히 진실이다.

또 하나 주의할 점이 있는데, 이는 가장 먼저 실천해야 할 일이기도 하다. 정말로 현재 벌고 있는 돈보다 훨씬 더 많은 돈을 벌고자 한다면, 주변 사람들이 하는 말에 흔들리지 말아야 한다. 그보다는 자기 내면에서 들려오는 조용한 목소리에 충분히 주의를 기울이는 법부터 배워야 한다. 쉽게 말하자면 외부의 영향에 덜 민감해져야 하며 당신 내면에 존재하는 본능과 느낌을 믿고 의존할 수 있도록 노력해야 한다는 의미다.

부자가 되고 싶다면 주변 사람들이 하는 말에 흔들리지 말고
자기 내면에서 들려오는 목소리에 주의를 기울이자.

원하는 방식대로 살 만큼 충분한 돈을 모으는 데 실패한 사람들 대부분이 다른 사람들의 의견에 쉽게 영향을 받는다. 이들의 생각은 신문이나 방송에서 보도하는 암울한 경제 전망에 따라 좌지우지되며 요동친다.

그러나 나폴레온 힐이 《생각하라 그리고 부자가 되어라》에서 지적했듯 언론이나 다른 사람들이 떠드는 이야기는 싸구려 상품에 불과하다. 실제로 사람들은 의견을 잔뜩 들고 있다가 누구든 그 의견을 받아줄 사람만 있으면 억지로 떠넘기려 한다. 따라서 과거에 다른 사람들의 의견에 지나치게 영향을 받았던 이들이라면 이 책의 진도를 더 나가기 전에 지금 당장 결심하자. 이제부터는 귀를 활짝 열고 하느님의 조언을 열심히 들으면서 동시에 자기 자신의 결심에도 주의를 기울이겠다고 말이다. 그렇게 한다면 틀림없이 머지않은 시간 안에 경제적으로 성공할 수 있다.

이해했다면 실행하라

이 책을 읽어나가면서 당신은 내면 깊숙이 자리한 재능과 능력을 점차 또렷이 인식할 수 있을 것이다. 적절한 지도가 이뤄진다면 자신이 열망하는 바람직한 결과를 도출하기 위해 잠들어 있던 재능을 활용할 수 있음을 깨달아야 한다. 그러나 다시 한번 경고하건대, 읽거나 암기하는 것만으로는 당신이 추구하는 성공을 이뤄낼 수 없다. 차이를 만들고 싶다면 이 책의 내용을 이해하고 실제 삶에 적용해야 한다.

그러니 책을 급히 끝마치려 하지 말자. 완독이 당신의 목표가 되어서는 안 된다. 앞서 언급했듯 읽은 내용을 이해하고 삶에 적용하는 것이 목표다. 하루에 한 장씩 차근차근 이해해나간다면 그것만으로도 목표를 이루는 데 충분할지 모른다.

이 책을 단숨에 끝내기보다는 음미하고 맛봐야 하는 이유가 궁금한가? 그렇다면 이 책이 20년에 걸쳐 크게 성공한 방법과 크게 실패한 방법 모두를 철저히 분석한 뒤, 그 결과에 기반해 쓰였음을 명심해주길 바란다.

조언 한 가지만 더 하겠다. 혼자 힘으로 위대한 성과를 이룰 수 있는 사람은 아주 드물다. 그러니 이 책에서 제시하는 생각을 공유하고 논의할 수 있는 사람을 단 한 명이라도 찾아보길 권한다.

마음을 활짝 열고 번영의식을 받아들여라

인간은 무엇이든 의식적으로 인식하지 못하면 즐길 수 없다. 라이트 형제가 하늘을 나는 법을 의식적으로 인식하고 나서야 우리는 엄청난 속도로 날아가는 비행기를 타고 여행하는 호사스러움을 누릴 수 있게 되었다. 토머스 에디슨은 움직이는 사진이라는 아이디어를 의식적으로 키워나갔다. 그 덕분에 많은 사람이 영화라는 완전히 새로운 형태의 오락을 즐길 수 있게 되었다.

조너스 소크Jonas Salk 박사는 절망적인 질병인 소아마비와 싸워줄 혈청을 만들어낼 방법을 의식적으로 떠올렸고 폴리오Polio 백신을 개발해냈다. 소크 박사의 새로운 인식 덕에 오늘날 아이들은 소아마비에 거의 걸리지 않는다. 알렉산더 그레이엄 벨은 인간의 목소리를 금속 선을 통해 전달하는 방식을 의식적으로 떠올렸다. 그 결과 지금 우리는 모두 전화기를 사용한다.

이런 사례들을 얼마든지 들 수 있다. 그러나 여기서 가장 중요하게 짚고 싶은 핵심은 이런 발명 혹은 발명을 가능케 한 지식이 언제나 우리와 함께 존재했었다는 점이다. 사실 이런 지식은 과거에도 존재했으며 앞으로도 언제 어디서든 똑같이 존재할 것이다. 그러나 그 생각의 패턴을 그러모아서 우리가 '의식'이라고 부르는 것을 만들어내고, 거기서 이득을 얻으려면 누군가가 있어야만 한다.

우리는 생각 에너지로 채워진 바다 위를 둥둥 떠다닌다. 과거에 있었고 앞으로도 있을 모든 지식이 존재하는 그런 바다 위를. 우리는 풍요로움으로 둘러싸여 있다. 우리를 둘러싼 자연 그 어디를 둘러보든 풍요로움이 가득하다. 자연은 실패 따위는 모르기 때문이다. 자연에서는 단 하나, 의식적인 인식만 제외하면 그 무엇도 부족하지 않으며 앞으로도 그럴 것이다.

이처럼 우리는 이미 풍요로움의 세계, 즉 부의 세계에 둘러싸여 있다. 이런 부의 세계를 이해하기 위해서는 반드시 생각이란 걸 해야 한다. 번영의 이미지 혹은 번영의식을 창조해낼 생각의 에너지가 흘러들어올 수 있게 마음을 열어야 한다.

이 세상에는 평생 정직하고 선하며 성실하게 노력해온 사람들이 많다. 하지만 근면하게 일해왔음에도 결코 부자가 되지 못하는 사람들이 많다는 걸 우리는 알고 있다. 이들에게 인생이란 해가 뜨는 순간부터 지는 순간까지 끊임없이 이어지는 고된 노동의 연속이다. 그러나 다르게 살 수 있다. 이 책에서 제시하는 개념과 내용이 당신의 마음을 흔들고, 그

덕에 새로운 사고방식을 향해 마음이 활짝 열릴 수 있기를
바란다.

의식이란 언제나 그래왔듯 생각을 통해 개발된다. 인생을
살면서 발전하고 진정으로 부자가 되길 바란다면 마음속으
로 반드시 번영을 생각해야만 한다. 현재의 처지가 어떻든
상관없다. 지금 당장 시작하자. 이 책을 다 읽고 난 뒤도 아
니고, 이 장을 다 읽은 후도 아니다. 내일이나, 다음 주, 다음
달이나 다음 해로 미루지 말자. 바로 지금 해야 한다.

번영의식은 풍요로운 삶을 끌어당긴다

생각은 인간이 할 수 있는 가장 높은 수준의 일이지만 안
타깝게도 사람들은 거의 생각을 하지 않는다. 마음속에서 일
어나는 몇몇 정신활동mental activity 때문에 사람들은 자신이 생
각하고 있다고 착각한다. 하지만 대부분은 그저 '기억'이라
는 정신 기능을 하고 있을 뿐이다. 마치 옛날 영화가 상영되
듯 오래된 사진들을 마음속 스크린에 의미 없이 계속 투사하
고 있다는 의미다. 이것은 창조적이고 의식적인 생각과는 전
혀 다르다.

지금 이 순간 관점을 바꿔 새로운 사고방식으로 생각하기 시작해야 한다. 그래야만 몸속 모든 조직이 이 새로운 생각의 에너지로 채워질 수 있다. 당신의 몸은 수없이 많은 세포로 이뤄져 있고, 생각이 만들어내는 자극은 그 세포들의 움직임에 영향을 준다. 느긋하게 생각하기 시작하면 우리의 몸은 즉시 느긋해진다. 걱정스럽고 두려운 생각을 품는 순간 우리의 몸은 뻣뻣해지면서 긴장한다.

번영에 대해 생각하면서 생각의 에너지에 푹 빠져보자. 그리고 자신을 풍요의 바다 속에서 수영하는 아주 부유하고 유복한 사람이라고 상상해보자. 당신의 몸과 마음은 즉시 번영의 진동vibration 안으로 들어가서 부자가 되는 데 필요한 모든 것을 마치 자석처럼 끌어당기기 시작할 것이다.

몸과 마음의 연결 :

걱정스럽고 두려운 생각 = 뻣뻣하게 긴장한 신체적 진동

풍요롭고 부유하며 넉넉한 생각 = 차분하고 편안하며

풍요로운 신체적 진동

이 개념을 처음 접하는 사람들은 생소할 뿐 아니라 기괴

하게 느껴질지도 모르지만, 어쨌거나 사실이다. 물질세계material world에서는 번영을 정신적으로 인식하는 것이 언제나 부富보다 먼저다. 즉 마음속에서 번영의 그림을 먼저 떠올려야 물질세계에서 번영하는 삶이 이루어진다는 의미다. 오늘날 케네디家라든지 브론프먼가처럼 어마어마한 금수저 집안에서 태어난 아이들에게는 번영을 떠올리고 이 번영의식을 갖추는 일이 어렵지 않다. 그들은 태어난 그 순간부터 번영 속에 있었고 번영을 생각했기 때문이다. 우리는 이 아이들을 가리켜 번영에 길들여져 있다거나 조건화되어 있다고 한다.

사람들 대부분은 그런 환경에서 태어나지 못했기 때문에 번영의 생각에 익숙지 않다. 따라서 다음의 내용을 잘 이해해야만 한다.

1. 우리는 어떻게 조건화되어왔는가?
2. 우리는 왜 지금과 같은 결과를 얻고 있는가?
3. 우리는 어떻게 생각의 방식 또는 조건화의 방식을 바꿀 수 있는가?

물론 쉬운 일이 아니다. 엄청난 훈련이 필요할 뿐 아니라 애타게 갈망해야 한다. 또한 부단한 노력을 많이 기울여야 한다. 그렇다 보니 실제로 변화를 이뤄낸 사람이 거의 없다. 그러나 그 변화가 아무리 어렵다 해도 당신은 해낼 수 있으며, 상대적으로 짧은 시간 안에 변화할 수 있다. 당신이 기울인 노력에 대한 보상은 당신에게 기쁨을 안겨줄 것이다. 내가 해봤기 때문에 안다. 나뿐 아니라 다른 많은 사람이 똑같이 해봤다. 이제는 당신이 그렇게 해볼 차례.

이 책을 선택해 읽기 시작했다는 사실 자체가 당신이 진심으로 변하고 싶은 욕망을 지녔음을 보여주는 증거다. 게다가 당신이 열망하는 것, 그 가치를 얻을 수 있는 길이, 그것도 확실한 길이 존재한다. 무엇보다 이 책을 통해 그 길의 윤곽을 그려낼 수 있다.

진정한 힘은 내면에서 나온다

의식 아래에는 잠재의식이라는 엄청난 보고가 존재한다. 바로 이 잠재의식이 우리가 새로운 생각의 패턴을 통해 영향을 주고자 하는 부분이다. 이 점을 확실하고 구체적으로 이해하기 위해 다음과 같은 주장에 대해 한번 생각해보자. "어떤 생각이나 계획 또는 목적은 반복적으로 생각함으로써 잠재의식에 심어진다. 그리고 이것들은 신념과 기대감에서 힘을 얻는다."

혹자는 이렇게 물을 수도 있다. "이 주장을 설명이나 관찰을 통해 진짜라고 입증할 수 있나요? 아니면 주장을 확실히 뒷받침해줄 만한 잘 알려진 방법이나 기술 같은 증거가 있나요? 그런 방법이나 기술 같은 게 있다면 누구나 다 해볼 수 있는 건가요?" 이 질문들 모두에 "그렇다."라고 명쾌하게 답할 수 있다.

앞으로 만나게 될 개념들을 읽고 시험하고 실제 삶에 적용해보면서 이 질문들의 답을 스스로 찾아가 보자. 인간은 실제로 뭔가를 해보고 나서야 진심으로 그 존재를 믿는 경향이 있다. 그러니 당신 혼자 힘으로 질문들에 답해보는 과정이 필요하다.

당신이 번영에 대해 반복적으로 생각함으로써 내면에서 수많은 발견을 해낼 수 있기를 바란다. 이 책은 그러한 바람에서 쓰여졌다. 돈을 순종적이고 성실한 하인으로 여기자. 그 하인이 더 많은 돈을 벌어다 주고, 당신이 직접 할 때보다 훨씬 더 뛰어난 서비스를 제공할 수 있게 활용하자.

돈에 관해 이야기할 때는 편안한 느낌이 들어야 한다. 당신은 부자로 태어났기 때문이다. 당신은 좋은 생각들을 끌어당기고 당신이 원하는 부와 당신이 원하는 삶을 가질 수 있다. 그러기 위해 필요한 정신적 도구도 모두 가지고 있다. 결핍과 한계는 우리가 마음속에 자리를 내어줄 때만 존재한다. 그러나 번영의식은 결핍도 한계도 모른다. 돈을 벌어들이는 자신의 능력을 펼칠 수 있도록 문을 활짝 열어보자. 당신이 늘 찾고자 했으며 원해왔던 부가 거꾸로 당신을 찾아오려 한다는 사실을 이해해야 한다. 이제 '의식적 마음'conscious mind의 문을 활짝 열고 부를 받아들이기 시작하자.

돈을 순종적이고 성실한 하인으로 바라보자.

그 하인이 더 많은 돈을 벌어다 주고 당신이 직접 할 때보다

훨씬 더 뛰어난 서비스를 제공할 수 있게 활용하자.

소유하려면 마음속으로 먼저 상상해야 한다

자기 자신과 당장 심리 게임을 시작해보자. 먼저 위대한 부를 소유한 당신의 모습을 시각화하는 습관을 들이는 것으로 시작한다. 그 돈으로 할 수 있는 일을 몇 가지 떠올리고, 마

음속으로 그 일을 시작해보자. 잠재의식은 실제로 하는 행동과 그 행동을 마음속에서 시각화하는 것의 차이를 구분하지 못한다. 따라서 이 연습을 통해 빠르게 번영의식을 개발할 수 있다. 기억하자. 뭔가를 실제로 소유하기 위해서는 마음속으로 먼저 상상해야 한다. 이것이 가장 기본적이고 절대적인 원칙이다.

또한 모든 사람은 마음속에서 자기 자신과 대화를 나눈다는 사실을 이해할 필요가 있다. 심지어 입 밖으로 소리 내어 말하는 사람들도 있다. 자기 자신과 은밀한 대화를 나눌 때마다 부자가 되면 얼마나 기분 좋을지 이야기해보자. 부자가 된 자신에게 축하를 보내고, 다른 사람들이 전하는 축하에도 귀를 기울여라. 마치 장난이나 게임을 하는 것처럼 느껴질지도 모른다. 하지만 당신이 할 수 있는 가장 현명한 행동 가운데 하나를 실행에 옮기는 것임을 깨달아야 한다. 당신은 더 높은 단계의 잠재력에서 더 낮은 단계의 잠재력을 향해 노력하고 있기 때문이다.

당신은 이제 자기계발 프로그램을 시작하게 된다. 그리고 눈에 보이는 것보다 훨씬 더 많은 것들이 자신에게 존재한다는 사실을 배우게 될 것이다. 자신을 올바르게 계발하려 한다면 '나'라는 사람의 숨겨진 요소를 이해해야 한다. 솔직히 이 요소들은 매우 중요하고 위대한 것임에도 눈에 보이지 않아서 좀처럼 깨닫기가 어렵다.

당신은 뚜렷이 구분되는 존재의 세 가지 단계를 동시에 살고 있으며, 그 사실을 곧 깨닫게 될 것이다. 당신은 영적이고, 지적인 존재이며, 육체를 가지고 살아가고 있다. 이 추상적인 관념을 더욱 잘 이해하려면 당신이 다음에 언급된 세 가지 존재의 측면을 동시적으로 살아가고 있음을 명심하자.

1. 생각을 인지하는 영적인 단계(가장 높은 단계의 잠재력)
2. 개념을 인지하는 지적인 단계(중간 단계의 잠재력)
3. 결과를 나타내는 육체적인 단계(가장 낮은 단계의 잠재력)

내가 앞서 제시한 내용대로 행동하는 것은("돈은 좋은 것이다." "사람을 사랑하고 돈을 사용하라." "돈은 하인이고 내가 주인이다.") 그저 생각을 선택하는 신성divine nature을 활용하는 것일 뿐이다. 그리고 그 생각이 개념을 만들어낸다. 우리의 경우이 개념은 엄청난 개인적 부나 진정한 경제적 성공에 관한 것이다.

경제적 성공의 개념은 저절로 형성되지 않는다. 그 개념을 형성하기 위해서는 의식적인 생각을 해야 하며 항상 인간성이 그 과정에 개입해야 한다. 이 부분이 바로 인간을 신과 같은 존재 혹은 창조적인 존재로 만들어준다. 즉 인간은 가장 높은 형태의 창조물이다. 경제적 성공이라는 이 아름다운 개념 또는 그림을 마음속에 품어라. 그러면 당신은 마침내 그 개념이 인생에서 모습을 드러내도록 만들 수 있다. 이 책을 읽어나가는 과정에서 실제로 이 일이 어떻게 일어나는지 직접 보게 될 것이다.

이제 다시 몇 걸음 뒤로 돌아가 보자. 앞서 당신이 높은 단계의 잠재력에서 낮은 단계의 잠재력으로 옮겨가기 위해 노력하고 있다고 말했던 부분을 떠올려보자. 내가 말하고자 했던 것은 당신이 다음과 같이 노력하고 있다는 의미다.

상태(육체적)에서

개념(지적)으로,

개념에서

생각(영적)으로

이동하려 노력하기보다는

생각(영적)에서

개념(지적)으로,

개념에서

상태(육체적)로

이동하기 위해 노력한다.

과거부터 당신이 그래왔고 미래에도 많은 사람이 계속 그렇게 할 것이다. 다시 말해 사람들 대부분은 인생에서 결과를 보고 나서 그 결과에 따라 생각하고, 그 생각에서 개념을 만들어낸다. 비어 있는 은행 잔고, 즉 결과를 보고 나서 돈이 없다는 생각을 떠올리며, 그 생각에서 가난이라는 개념을 만들어낸다. 마음속에 품고 있는 개념은 미래의 결과로 구현된다. 그래서 사람들은 비어 있는 은행 잔고라는 결과, 즉 자신이 원치 않는 그 결과를 반복적으로 구현하게 된다. 이들은 스스로 저주를 내린 불운의 악순환을 이어간다. 그러나 이는 결코 창조주maker의 뜻에 따라 사는 삶이 아니다.

황당한 논쟁이라고 생각하는 사람도 있으리라. '은행 잔고가 없으면 그저 없다는 소리 아닌가.' 그러나 비어 있는 은행 잔고를 보면서 풍요로운 부를 그려보는 일은 그리 현실적이지 않다. 이런 식의 추론이 가난한 상태를 영원히 고착시키고 가난한 사람들을 계속 가난하게 만든다는 사실을 명심하기 바란다.

은행 잔고, 매출량, 건강, 사회생활 그리고 직장에서의 지위 등 현 상태는 그저 과거에 했던 생각이 물리적으로 구현된 것일 뿐임을 이해해야 한다. 현실의 세계에서 결과를 바꾸거나 발전시키기를 진정으로 바란다면 반드시 당신의 생각을 바꿔야 한다. 그것도 당장 말이다.

지금껏 제시한 내용을 찬찬히 생각해본다면 완벽히 수긍할 수 있을 것이다. 실제로 이 창조의 과정을 진정으로 이해한다면 내가 설명한 내용이 옳을 뿐 아니라 당신이라는 존재가 신의 섭리에 따라 산다는 걸 확신할 수 있다. 이 과정은 신이 인간을 통해 행하는 방식이라는 의미다. 어떤 분야에서는 이것을 '기도'라고 부르기도 한다.

신은 당신이 원하는 생각을 창조할 수 있도록 능력을 부여했다. 당신은 부자로 태어났고 부는 당신의 생각 속에 담겨 있다. 그러니 자신에게 친절해지자. 장대한 개념을 택하자. 그리고 현실에서 일어나는 일들이 당신의 생각을 지배하게 내버려두지 말자.

은행 잔고, 매출량, 건강, 사회생활 그리고 직장에서의 지위 등
현 상태는 그저 당신이 과거에 했던 생각이 물리적으로
구현된 것일 뿐이다.

보이지 않는 것을 믿는 것은 성공이자 축복이다

지금쯤이면 모든 사람이 어떻게 엄청난 실수를 저지르는지 이해했으리라. 랠프 월도 에머슨Ralph Waldo Emerson은 《자기신뢰》에서 "질투는 무지와 같다."라고 했다. 다시 말해서 다른 사람의 성취나 결과를 보며 질투하는 것은 진정으로 어리석은 짓이라는 의미다. 성공한 사람들은 먼저 생각을 선택하고, 그 후 바람직한 결과를 마음속으로 그린다. 바람직한 결과는 인생에서 구체적으로 나타난다. 성공하는 이들은 끊임없이 솟아나는 너른 생각의 원천에서 자신의 생각을 선택한다. 이러한 생각의 원천은 우리 모두에게 열려 있고 당신에게도 열려 있다.

이는 빈센트 반 고흐에게 "어떻게 그토록 아름다운 작품을 그릴 수 있나요?"라고 물었을 때 했던 그의 대답과도 일맥상통한다. 그는 이렇게 답했다. "저는 꿈에서 그림을 그리고, 그 후 그 꿈을 그림으로 그립니다." 고흐는 마음으로 먼저 그림을 보고 난 뒤, 마음속 원본을 캔버스 위에 그대로 옮겨 유화를 완성했다.

몇 년 전, 캘리포니아주에서 온 메리 스나이더가 남편 오스카와 함께 내 세미나에 참석했다. 스나이더는 내게 링컨의

명언 하나를 들려주었는데, 나는 그 명언이 몹시도 마음에 들어서 많은 사람에게 자주 이야기했다. "우리가 보고 만질 수 있는 것들을 믿는 것은 결코 믿음이 아니다. 그러나 보이지 않는 것을 믿는 것은 커다란 성공이자 축복이다." 이 얼마나 아름다운 말인가. 이 자리를 빌려 다시 한번 스나이더에게 고마움을 표한다.

지금쯤 내가 제안한 마음 연습이 주는 지혜를 이해했길 바란다. 이 문장을 반복해서 말하자. "나는 번영한다, 나는 부유하다, 돈은 좋은 것이다." 새로운 태도나 의식이 구체적으로 나타났을 때 할 일을 하고 있는 자기 자신의 모습을 마음의 눈으로 바라보자. 위대한 부를 시각화하고 이미 그 부를 소유한 자신을 느껴보자. 그러나 잊지 말아야 한다. 돈은 하인이고, 주인은 당신이다. 당신은 인간을 사랑하고, 돈을 이용한다.

다음 장으로 넘어가기 전에 이 장을 다시 한번 읽어본다면 돈에 대한 낡은 생각들을 떠나보내는 데 도움이 될 것이다. 이 케케묵은 생각들 탓에 돈이라는 주제가 나올 때마다 불편한 마음이 들었을 테니까. 매일 여러 차례 '돈과 나'라고 혼자 되뇌어보자. 부를 떠올릴 때 얼마나 기분이 좋아지는지를 완전히 깨달을 때까지 반복하고 또 반복하자.

돈에 관한 이 새로운 개념을 명확하게 파악하고, 당신이 배운 것을 자신 있게 설명할 수 있을 때까지는 사람들과 이야기를 나누지 말자. 진실을 이해하지 못하는 사람들에게 부정적인 평가를 들어봤자 아무런 도움이 되지 않는다. 그저 자신에 대해 의구심만 품게 될 뿐이다. 그런 일이 벌어지도록 허용해선 안 된다. '돈과 나'에 대해 생각할 때면 마음속 스크린 위에 아름다운 그림을 띄울 수 있어야 한다.

멋진 삶은 비싸다
그 정도로 돈이 들지 않는
삶의 방식도 있겠으나
그런 삶은 별로니까.

— 스페인 양조업자들

BORN RICH

제 2 장

얼마만큼의 돈이면
충분한가?

사람들 대부분은 자신이 실제로 원하는 것보다
더 많은 돈을 원한다고 생각한다. 그리고 얻을 수 있는 돈보다
훨씬 못한 정도에 만족한다.

— 얼 나이팅게일

'번영'이라는 개념을 제대로 이해하기 위해서는 구체적으로 접근해야 한다. 정확히 얼마만큼의 돈을 원하는가? 당신은 잠재의식을 바탕으로 노력하고 있지만, 그 잠재의식은 생각할 줄 모른다. 그저 이미지를 받아들이고 그 이미지를 형태로 바꿔놓을 뿐이다. 그러니 "나는 많은 돈을 원해."라고 말하는 것만으로는 부족하다. 왜냐하면 잠재의식은 '많다'라는 게 정확히 얼마만큼인지 알지 못하기 때문이다.

이 장을 아주 진지하게 읽어주길 간곡하게 부탁한다. 이 장에 언급된 개념들이 당신의 인생을 완전히 바꿔놓을 수 있기 때문이다. 그러나 생각하는 것만으로는 부족하다. 반드시 행동으로 옮겨야 한다. 당신에겐 해야 할 확실한 일들이 존재하며, 가장 먼저 할 일은 얼마나 많은 돈을 원하는지 생각하고 결정하는 것이다.

먼저 당신이 무엇을 원하는지 알아내야 한다

이 질문에 답하기 위해서는 무엇에 쓰려고 돈을 원하는지부터 생각하는 게 좋겠다. "인생을 살아가려면 돈이 있어야 해."라는 말로는 충분치 않다. 우리 사회는 어떻게든 우리가 최소한의 생존을 할 수 있도록 해준다. 당신이 어디에 있어도 정부는 우리에게 수표를 날려준다. 다시 말해 당신이 집 안에 틀어박혀 있어도 생활보조금이 나오고, 최소한의 생계 유지는 할 수 있게 해준다는 의미다.

누군가는 '어, 맞아. 하지만 생활보조금을 받는 것만으로는 부족해. 그보다는 잘살고 싶은데'라며 혼잣말을 할지도 모르겠다. 그래, 한번 구체적으로 살펴보자. 당신은 얼마나 더 '잘살고' 싶은가? 이런 식의 연습을 함으로써 당신은 몇 가지 진지한 계획을 세워볼 수 있다. 이를테면 종이 한 장을 꺼내 놓고 다음 해에 지출이 예상되는 물건이나 활동 등을 적어서 목록을 만들어보는 것이다. 연습하는 걸 돕기 위해 몇 가지 카테고리를 예시로 보여주면 다음과 같다.

음식	교육
월세/대출	휴식
옷	여가
자동차	보험
공공요금	저축

여기 제시된 것은 그저 몇 가지 예일 뿐이므로, 당신만의 목록이 완성될 때까지 계속 써나가 보자. 지금 당신 형편에 맞는 만큼만 적어보라는 뜻이 아니다. 당신이 원하는 걸 모두 적고 그 목록에 적힌 항목들 각각을 사거나 이뤘을 때의 모습을 상상해보자. 그 후 그렇게 살기 위해 드는 비용을 적어본다.

예를 들어 지금의 당신은 아주 특별한 날에만 근사한 식당에 가서 식사를 할지도 모른다. 하지만 상상 속에서는 그보다 훨씬 자주 멋진 식당에 가는 것이 가능하다. 음식 맛이 최고인 데다 서비스가 훌륭하고, 귀족적인 분위기를 풍기는 식당에 일주일에 한 번씩 가서 맛있는 식사와 함께 아주 즐거운 시간을 보내는 자신의 모습을 시각화해볼 수 있다. 그러기 위해서는 돈이 얼마나 들까? 그 숫자가 바로 당신이 알아내야 할 숫자다.

지금의 당신은 오래되고 녹슨 자동차를 끌고 다닐지도 모른다. 하지만 1~2년마다 새 차를 바꿔가며 골라 타는 자신의 모습을 시각화할 수 있다. 그러기 위해서는 돈이 얼마나 들까?

우리는 영원히 살 수 없으며,

연습 삼아 인생을 살아볼 수도 없다.

우리는 영원히 살 수 없으며, 연습 삼아 인생을 살아볼 수도 없다. 지금 이 삶이 당신의 삶이다. 그러니 인간으로서 살수 있는 최대치로 즐기면서 살아야 한다. 자신이 원하는 것들을 누리며 자신이 선택한 방식대로 살기 위해서는 필요한 만큼의 돈이 있어야 한다.

이때 마음이 당신을 속이는 경우도 드물지 않다는 걸 기억하라. 당신은 '이건 정말 미친 짓이야. 나는 이 책에서 말하는 삶을 누릴 만한 돈을 절대 벌지 못할 거야'라고 생각할 수도 있다. 하지만 진짜 현실은 어떨까? 수많은 사람이 이 책에서 제시하는 인생을 살아가고 있으며 그만한 돈을 갖고 있다.

그들도 처음부터 금수저로 태어나지 않았으며 그 돈을 물려받은 것이 아니라는 점을 강조하고 싶다. 모든 사람이 그러하듯 그들은 하느님이 주신 성공의 잠재력을 가졌다는 점에서 부자로 태어났다. 그러나 대부분의 사람처럼 그 사람들 역시 한때는 돈이 부족했었다. 이 책에서 하라는 대로만 따라 한다면 당신도 성공할 수 있으며, 성공할 것이다. 이 사실을 가슴에 새기자.

절대 자신을 과소평가하지 마라

이 책을 쓰다 보니 당신 내면에는 어마어마한 재능과 능력이 잠재되어 있으며, 언제든 겉으로 드러날 수 있길 기다리고 있다는 사실을 상기시켜주고 싶은 충동이 든다. 이 이야기를 하는데, 갑자기 몇 년 전 얼 나이팅게일이 녹음한 〈태도〉 attitude 라는 테이프를 듣던 기억이 생생하게 떠오른다.

나는 그 녹음 테이프를 몇백 번이나 듣고 또 들었다. 테이프를 듣다 보면 나이팅게일이 이렇게 말하는 구절이 나온다.

"이제 바로 여기서 우리는 다소 이상한 사실을 마주하게 됩니다. 우리는 우리가 할 수 있는 일과 도달할 수 있는 목표를 과소평가하는 경향이 있습니다. 그리고 마찬가지로 이상한 사실이 있습니다. 우리가 할 줄 모르는 일을 다른 사람들은 할 수 있다고 생각하는 겁니다." 나이팅게일은 이렇게 덧붙였다. "그게 사실이 아니라는 것을 알길 바랍니다. 당신에게는 재능과 능력이 차곡차곡 저장되어 있으며, 원하는 것은 다 이루고 다 가질 수 있습니다."

나이팅게일이 무슨 의미로 이런 말을 한 것인지 제대로 이해하지도 못한 채 그 구절을 몇 번이나 반복해서 들었다. 그러던 어느 날, 그 말의 의미를 깨달았고 뇌세포 하나하나가 나이팅게일이 한 말의 진실과 공명하는 것처럼 느껴졌다. 나는 갑자기 그가 무슨 의도로 그 말을 했는지 이해했다. 남들이 할 수 있는 일이라면 나 역시 충분히 할 수 있다는 것을 마음 깊이 깨달을 수 있었다.

당신도 할 수 있음을 깨달아야 한다. 나이팅게일의 말은 나에게만큼이나 당신에게도 진실이기 때문이다. 그러나 그 전에 해야 할 중요한 일이 있다. 당신이 무엇을 원하는지 알아내는 것이다.

아무 근거도 없이 대충 숫자를 떠올리지 말고 똑바로 계산하자. 계산을 끝내고 나면 자신이 해냈다는 사실에 큰 기쁨을 느낄 것이다. 이 연습은 마음을 단련시키는 데 도움이 된다. 이쯤에서 이 장이 당신과는 상관없으리라 생각할지도 모른다. 이미 상당한 빚을 지고 있어서 큰 액수의 돈을 모으는 건 불가능하다고 생각할지도 모른다. 하지만 그 문제에 대처할 방법이 있으니 걱정은 떨쳐버려도 좋다. 게다가 지금 돈을 버는 방법 외에 더 다양한 방법을 통해 현재 벌어들이는 돈보다 더 많은 돈을 벌 수 있다. 그 생각만으로도 계속해서 이 책을 읽을 의지가 솟아날 것이다.

이쯤에서 당신은 목록을 완성하고 숫자를 도출해냈어야 한다. 자, 종이를 한 장 꺼내서 그 숫자를 크고 굵은 글씨로 써놓자.

이제 그 종이는 한쪽에 치워두고 아주 중요한 개념으로 넘어가야 한다. 당신의 고유한 상황에는 적용되지 않는다 해도 대다수 독자에게는 충분히 살펴볼 가치가 있는 개념이다. 나는 당신이 부양할 가족이 있는 기혼자이며 생계를 책임지는 유일한 사람이거나 혹은 생계유지에 상당히 중요한 기여자라는 가정하에 이 개념을 설명하려 한다.

당신이 그 액수의 돈을 원하는 주요한 이유 가운데 하나는 가족을 먹여 살리기 위해서다. 그저 적당한 정도로 먹고사는 게 아니라 가족들이 마음껏 풍족하게 누리며 살아갈 수 있기를 바란다. 이 책에서 제시하는 대로 따라갈 수 있다면, 당신은 가족을 부양하며 해주고 싶은 것들을 할 수 있다.

어느 날 갑자기 당신이 이 세상에서 사라진다 해도 가족들이 잘 먹고 잘 살기를 바란다는 데 전적으로 동의할 것이다. 그렇지 않은가? 누군가는 "설마, 나 하나 죽는다고 누가 신경이나 쓰겠어?"라며 농담을 던질지도 모르지만 이 문제는 결코 농담할 거리가 아니다. 매우 심각하고 진지한 문제다. 막상 당신이 이런 문제에 맞닥뜨린다면 신경이 쓰일 터다. 나도 알고 당신도 아는 사실이다.

지금 당신이 건강하게 잘 살고 있다면 부를 일궈내어 재산을 불릴 것이다. 하지만 당신이 죽거나 영원히 불구가 된다면 어떨까? 우리 사회가 지금껏 그런 상황을 일정 부분 책임져왔다. 생명보험이나 상해보험 같은 것들도 있다. 어쩌면 당신은 "생명보험이라니… 완전히 호구잖아! 밥 프록터라는 작자도 뭘 모르는군."이라고 비웃을지도 모른다. 하지만 섣불리 판단하지 말고 내 얘기에 귀를 기울여주면 좋겠다. 내가 생명보험 분야에서는 꽤 믿을 만한 권위자이니 말이다. 나는 거의 10년 넘게 보험업계에서 세미나를 열어왔고, 5만 명에 이르는 보험업계 사람들이 내 세미나에 참석해 강의를 들었다.

장담하건대 당신이 이야기를 나눈 약 95퍼센트의 사람들은 보험에 관해 거의 아무것도 모르겠지만 나는 결코 허튼소리를 하지 않는다. 그 무지한 사람들 가운데 다수가 기업과 산업, 정부에서 요직을 맡고 있거나 전문직종에 종사하고 있다. 그러한 사회적 지위 덕에 이 사람들은 자기가 하는 말이 믿을 만하다고 생각한다. 그러나 안타깝게도 이 사람들은 생명보험에 대해 심하게 잘못 알고 있거나 완전히 무식하다.

이 사실을 기억하자. 생명보험만이 당신의 수입을 대체할 수 있으며 확실하고도 즉각적으로 재산을 형성해줄 수 있다. 통계에 따르면 많은 사람이 보험에 가입하고도 거의 대부분은(적어도 90퍼센트) 그 혜택을 제대로 받지 못한다. 이들이 죽으면 간신히 장례식을 치를 돈을 건지거나 겨우 1년 동안 가족의 생계를 책임질 정도의 돈만 남는다는 뜻이다. 더욱 유감스러운 것은 갑작스런 사고가 생길 때를 대비해 비교적 적은 액수의 돈으로도 충분한 보상이 이루어지도록 재무설계를 해둘 수 있었다는 점이다.

이 책은 당신이 실질적인 재정적 목표에 도달하도록 돕기 위해 기획되었다. 그 때문에 나는 생명보험에 대한 정보를 함께 제공해야만 한다는 의무감을 느꼈고, 생명보험에 관해 언급하지 않고선 이 책을 마무리할 수 없다고 판단했다. 돈을 벌 방법은 두 가지밖에 없음을 명심하자. 사람이 돈을 벌든지, 돈이 돈을 벌든지.

통계에 따르면 많은 사람이 보험에 가입하고도

대부분은(적어도 90퍼센트) 그 혜택을 제대로 받지 못한다.

이 책의 나머지 부분은 계속 살아 있을 사람을 위해 기획되었다는 사실을 알면 기쁘리라.

꽃은 씨를 뿌린 곳에서 핀다

이 근사한 삶을 언제부터 살기 시작할 것인가? 자기 자신에게 이 질문을 던져보자. 그것도 지금 당장 이 질문에 답하기 전에 먼저 다음 질문에 답을 해보자.

- 얼마나 자주 전화요금을 납부하는가?
- 얼마나 자주 임대료 혹은 대출금을 내는가?
- 얼마나 자주 식료품을 구매하는가?
- 얼마나 자주 자동차 주유를 하는가?
- 얼마나 자주 진료를 받는가?
- 얼마나 자주 자기 자신을 위해 돈을 쓰는가?

마지막 질문은 이상하게 들릴 수도 있다. 하지만 자기 자신을 위해 돈을 쓰는 사람이 100명 가운데 다섯 명도 안 된다는 사실을 알고 있는가? 나머지 95명에게 왜 자신을 위해 돈을 쓰지 않는지 물으면, 아마 다른 사람을 위해 돈을 쓰고 나면 자기에게 쓸 돈이 남지 않는다고 답할 것이다.

그렇다면 100명 중 자신에게 돈을 쓰는 네다섯 명의 사람은 이 문제를 해결할 방법을 찾았다는 말이다. 이들이 택한 방법은 몇 세기 동안이나 존재해왔지만 제대로 파악한 사람은 몇 명 되지 않는다. 그 해결 방법은 무엇일까? 간단히 답하자면 다음과 같다.

이 사람들은 '우선 내 자신을 위해' 돈을 쓴다. 이것은 경제적 성공을 위한 바빌론의 원칙으로 더 잘 알려져 있다.

내가 번 돈의 일부는 내 몫으로 간직하자

이 원칙이 상당히 일리가 있음을 인정해야 한다. 내 말을 따라 해보자. "내가 번 돈의 일부는 내 몫으로 간직하자!" 더 구체적으로 말하자면 월요일에 벌어들인 돈은 당신 몫이다. 그러니 당신이 쉽게 꺼내 쓸 수 없는 특별계좌에 곧바로 넣어두도록 하자.

당신이 번 돈 중 월요일 오전에 번 돈은 아마도 수입의 10퍼센트 정도 될 것이다. 그 10퍼센트를 가장 우선순위에 두고 자기 자신을 위해 써야 한다. 다른 사람들에게 써야 할 만큼 쓰고, 남은 돈을 자신에게 쓰는 게 아니다.

이 특별계좌는 일명 '재정 독립을 위한 계좌'다. 우선은 여기서 보험료를 내자. 그것이 당신의 '긴급자금'이 되어줄 것이다. 그 후 나머지 돈은 저축해서 현명한 투자를 하기 위한 자본금을 마련하자. 이 예금이나 예금에서 나온 이자는 건드리지 말아야 한다. 저축으로 돈이 쌓이는 것을 확인하면서 만족감을 얻고 계속 돈을 모아갈 동기와 자극을 얻을 것이다. 게다가 무슨 일이 벌어졌을 때 쓸 수 있는 긴급자금이 있다는 사실을 아는 것만으로도 마음의 평화를 얻을 수 있다.

순차적 계획을 세워 부채를 상환하자

어쩌면 당신의 전체 수입을 야금야금 갉아먹는 부채가 있어서 자기 자신을 위해 쓸 돈이 하나도 없을 수도 있다. 그러나 이 점을 명심하자. 부채는 청산할 수 있다. 물론 부채 금액에 따라 갚는 데 걸리는 기간이 결정될 터다. 아마도 매달 내야 하는 돈에서 대출금이나 임대료는 가장 큰 부분을 차지할 텐데, 이는 '부채가 아니라 투자'라는 점을 고려하자.

월요일 오후와 화요일 아침에 얼마만큼의 돈을 벌든 그 돈은 바로 부채상환계좌로 들어가야 한다. 그 금액은 수입의 20퍼센트를 차지할 것이다. 또한 채권자에게 편지를 써서 당신의 계획을 알리자. 편지를 발송하기 전에 먼저 채권자 명단을 작성해야 한다. 이 20퍼센트의 돈을 각 채권자에게 어떤 비율로 나눠줄지 결정해야 하기 때문이다.

채권자에 따라서 현재 받는 돈보다 더 많은 돈을 받는 사람도 있고 더 적은 돈을 받는 사람도 있다. 다만 어떤 방식으로 계산하든 채권자들이 각기 받게 될 돈의 총합은 일정해야 한다. 금액과 상관없이 당신은 채권자에게 지정된 날짜에 규칙적으로 돈을 보내야 한다. 당신이 채권자에게 편지를 쓸 때 지침 삼아 활용할 수 있는 예시를 소개해본다.

_____ 귀하

아시다시피 저는 귀하에게 _____달러의 채무를 지고 있으며, 채무 전액에 이자까지 더해서 갚으려고 합니다. 저는 지난 며칠 동안 안정적인 재무 상태를 마련하기 위해 계획을 세웠습니다. 그러기 위해 부채상환계좌debt clearance account, DCA를 개설했으며 제 수입의 20퍼센트는 이 계좌로 곧장 입금되도록 해놓았습니다. 이렇게 함으로써 저는 부채상환에 대한 걱정과 스트레스 없이 돈을 벌고 생활을 영위할 수 있으며, 더 큰 빚을 지지 않을 수 있을 것입니다.

귀하와의 채무 관계가 청산될 때까지 매주(또는 매달) 제 부채상환계좌에서 귀하에게 _____달러를 송금할 예정입니다. 제가 이전에 귀하에게 지불하기로 합의했던 액수가 아니라는 것은 잘 알고 있습니다. 그럼에도 제 입장과 상황을 이해해주시리라 믿습니다.

궁금한 점이 있으시다면 언제든지 연락해주십시오. 저는 이 새로운 계획에 대한 기대가 상당히 큽니다. 또한 귀하에게 채무가 있는 다른 사람들을 도와주기 위해 제가 이 계획들을 공유해주길 원하신다면, 기꺼이 그렇게 하겠습니다.

친절히 협조해주신 점에 대해 미리 감사의 인사를 드립니다.

안녕히 계십시오.

존경을 담아

_____ 배상

채권자에게 보내는 이 편지가 부탁이 아니라 사실을 진술한 내용임을 명심하자. 당신의 재정을 책임지는 사람은 채권자가 아니라 바로 당신이다.

편지는 반드시 깔끔하게 타이핑해야 한다. 또한 처음으로 갚을 금액을 동봉한 뒤 편지를 밀봉하자. 가능성은 희박하지만, 기존에 받던 것보다 적은 액수를 받게 되는 일부 채권자는 당신에게 이의를 제기할 수도 있다. 심지어 당신에게 전화를 걸어서 법정까지 가자거나 다른 행동을 취하겠다는 식으로 위협하고 겁을 줄 수도 있다. 그러나 흔들릴 필요 없다. 재정적인 독립을 위한 당신의 진정성 있는 계획을 듣고도 격려하지 않을 법정은 없을 테니까. 게다가 당신의 편지를 받은 95퍼센트의 사람들은 대부분 협조적인 태도를 취할 것이다.

이제 자기 자신을 칭찬해주자. 지금 이 순간 당신은 완전히 새로운 삶의 방식을 시작할 수 있는 길로 들어섰다.

지금까지 당신이 이뤄낸 것을 간략하게 살펴보자.

1. 당신에게 무슨 일이 벌어졌을 때 바로 쓸 수 있는 재산이 있다.
2. 저축계좌가 있다.
3. 스스로를 위해 돈을 쓴다.
4. 순차적 부채상환 프로그램을 갖췄다.
5. 수입의 70퍼센트는 생활하고 살림하고 여가를 즐기는 데 쓴다.
6. 이 책의 나머지 부분을 읽어나가는 동안 등장할 중요한 개념들을 계속 습득할 수 있도록 정신을 바짝 차린다.

지금 이 순간부터 '빛'에 대해 다시는 생각하지 말자. 이것을 꼭 기억하라. 이제 빚 문제는 모두 해결됐으니 오직 저축계좌에만 집중하고, 저축액이 늘어나는 모습을 지켜보자. 다음을 반복해서 따라 해보자. "나는 부유하다. 돈은 좋은 것이다. 나는 돈을 이용한다. 그리고 인간을 사랑한다."

재정적 독립을 위해 전문가의 도움을 받아라

현재의 재정 상태를 차례로 정리하는 것은 마치 여행을 떠나기 전에 자동차를 정비하는 것과 같다. 이 순간부터 당신은 여행을 떠나기 위해 사전 정비를 했음을 깨달아야 한다. 지금은 1년에 고작 X달러만 벌지 몰라도 마음속으로는 이미 상당한 금액의 연봉을 벌고 있는 자신의 모습을 볼 수 있어야 한다. 당신이 선택한 방식대로 살기 위해 원하는 것들을 사려면 필요하다고 계산했던 바로 그 금액대의 연봉을 버는 모습을 말이다.

앞서 제시한 원칙들은 알고 있는 것만으로는 충분하지 않다. 반복해 말하지만 그것을 행동으로 옮겨 당장 실천해야 한다. 만일 아무런 행동도 하지 않고 다음 장으로 넘어간다면, 그것은 엔진이 반밖에 작동하지 않는 차를 가지고 여행을 떠나는 것과 같다. 당신의 자동차는 분명 고장 날 수밖에 없고 원하는 목적지에는 영영 도착하지 못할 것이다. 그러나 모든 것이 제대로 정비되어 있음을 확인했다면 긴장을 풀고 차분하고 평화로운 태도로 목적지에 도착할 수 있다. 그리고 그 여정에서 나타나는 풍경들을 마음껏 즐길 수 있다.

이 신나는 여행을 당신 혼자서 준비하는 게 벅차다고 느낀다면, 전문적인 지원을 받는 것도 좋다. 당신의 재정적 영역을 잘 정비하도록 도와줄 전문가를 찾아라. 대부분의 부자는 금융전문가들과 상담하고 그들의 조언을 따른다. 우리가 몸이 아플 때 진찰을 받으려고 숙련된 의사를 찾아가는 마음과 비슷하다. 또한 현명한 사람들은 건강할 때조차 정기적으로 의사를 만나 건강검진을 받는다는 사실을 기억하자. 다시 말해서 건강해지고 싶다면 몸이 아플 때만 의사를 만나서는 안 된다는 뜻이다.

재무설계 영역에서 활동하는 사람은 많지만 막상 전문지식을 가진 사람을 찾으려면 공을 들여야 한다. 어느 도시에나 이런 식의 금융서비스를 제공하는 회사들이 존재한다. 어떤 지역에서는 찾아내기가 쉽지 않을 수도 있지만 마음만 먹으면 유능한 금융전문가를 만날 수 있다.

1979년 나는 토론토에 위치한 맥크레리 그룹McCrary Group이라는 신생기업에서 요직을 맡는 기쁨을 누렸다. 오늘날 이 기업은 거의 5,000명에 이르는 고객을 관리하고 있으며, 이 행복한 고객들은 재정적인 독립을 향해 나아가고 있다. 맥크 레리 그룹은 이 고객들에게 재정적 사실과 관련된 흥미로운 내용을 알려주는데 그것을 이 책에 소개하려고 한다.

사람들은 재정 문제와 관련해서 다음의 세 가지 카테고리로 나뉠 수 있다.

1. 적자 상태(빚을 지고 있음).
2. 현상 유지 상태(빚은 없지만 그럭저럭 버티고 있음).
3. 흑자 상태.

여기서 흔히 하는 착각이 있다. 1번이나 2번 카테고리에 있는 사람이 돈을 열심히 벌기만 하면 자동으로 3번 카테고리로 올라갈 수 있다고 믿는 것이다. 현실에선 반드시 그렇지만은 않다. 재정적으로 적자 상태에 있는 사람은 번 것보다 더 많은 돈을 쓰는 버릇이 있다. 현상 유지를 하며 살아가는 사람은 버는 대로 쓰는 버릇이 있다. 우리는 모두 습관의 동물이기 때문에 더 많은 돈을 번다고 해도 습관이 바뀌지 않는 한 재정 상태도 바뀌지 않는다.

얼마만큼의 돈을 벌어야 충분한지 결정할 때는 새로운 재정계획을 세울 필요가 있다. 그래야만 그 새로운 계획에 맞

취 스스로 기강을 잡고 자신의 생활 습관을 바꿀 수 있을 테
니 말이다.

다음 장 '이미지를 창조하고 그 힘을 활용하라'에서는 어
떻게 해야 원하는 금액의 돈을 버는 스스로의 모습을 떠올릴
수 있는지 알게 될 것이다. 또한 왜 그래야만 하는지 그 이유
도 이해하게 될 것이다.

수입이 점차 늘어나면서 저축하는 10퍼센트의 돈과 부채
상환계좌로 들어가는 20퍼센트의 돈 역시 늘어나는 모습을
당분간 떠올리도록 하자. 이는 곧 당신이 더 빨리 빚더미에
서 벗어나게 되리라는 의미다. 빚을 모두 갚으면 당신은 살
아가면서 쓸 수 있는 수입의 90퍼센트를 손에 쥐게 된다. 이
생각만 해도 벌써 신이 난 당신의 모습이 보인다.

경제적 성공 습관을 기르는 3단계

1. 당신의 꿈을 재정적으로 뒷받침하기 위해 얼마만큼의 돈이 필요
   한지 결정한다.
2. 새로운 재정계획을 세우거나 전문가가 당신을 위해 설계한 계획을
   확보한다.
3. 계획이 습관으로 몸에 밸 때까지 두 달 동안 그 계획에서 벗어나지
   않는다.

· 제3장 ·

이미지를 창조하고
그 힘을 활용하라

내게 달렸음을

회색 먹구름이 몰려올 때면
때때로 나는 낙심하고 말지.
그러다가 어제 내게 일어난
그 일들을 생각하네.
그저께의 일이라든지
몇 달 전의 일을 의미하는 게 아니야.
하지만 그 모든 과거의 나날들은
내게 성장할 기회를 주었네.
내가 놓쳐버린
그 기회들을 생각하네.
그리고 내가 놓치기 전에
활용할 수 있었던 기회들을 생각하네.
내게 역경을 선사했던
그 과거를 기억하지.
하지만 어떻게든 나는 이겨냈고
미래는 모두 괜찮아 보였어.
그리고 스스로 되뇐다네.
나는 할 수 있어. 나는 자유로워.
그리고 내 성공과 행복은
정말 내게 달려 있다네.

— 제임스 멧커프 James J. Metcalfe

이 장에서 제시하는 개념들은 삶에서 매우 중요한 돌파구가 될 수 있다. 이미지 창조하기는 우리가 확실히 이해할 수만 있다면 진정으로 역동적인 개념이기 때문이다.

몇 년 전 나는 큰 규모의 기업인 모임을 대상으로 오하이오에서 강연을 하고 있었다. 내가 이미지 창조하기의 개념을 설명하던 도중에 청중 가운데 나이 지긋한 신사 한 명이 내 말을 가로막았다. 그는 자리에서 일어나 청중들에게 자신이 예순다섯 살이 되어서야 이 개념을 이해하게 됐다고 설명했다. 이미지화의 개념에 관해 읽어보고, 생각해보고, 이야기도 나눠봤지만 65세 전까지는 정말 제대로 이해하지 못했다고 했다.

지금 이 순간 나는 당신에게 이 장을 몇 차례고 반복해서 읽어주길 부탁하고 싶다. 사람들 대부분은 이미지 창조의 힘을 온전히 이해하지 못한 채 살다가 세상을 떠난다. 우리는 이 개념을 돈과 연관 짓지만 이미지를 창조한다는 개념은 그것을 넘어선다. 이미지 창조의 개념을 오롯이 이해하고 나면 당신이 원하는 것이 무엇이든 효율적으로 활용할 수 있다.

내가 이미지 창조하기를 언제 이해하게 됐는지 정확히 이야기할 수는 없지만, 내가 터득했던 그 어느 개념보다도 내 인생에 막대한 영향을 미쳤음은 확실하게 말할 수 있다. 이미지 창조하기의 개념은 당신을 경쟁적인 차원에서 창조적인 차원으로 바꿔주는 동시에 인생에서 경쟁이라는 개념을 지워준다. 실제로 당신이 경쟁해야 할 유일한 상대는 자기 자신의 무지임을 곧 이해하게 될 것이다.

이미지 창조하기의 개념은 당신을 경쟁적인 차원에서
창조적인 차원으로 바꿔주는 동시에
인생에서 경쟁이라는 개념을 지워준다.

이 개념은 나를 정말로 흥분시킨다. 좀 더 정확하게 표현하자면 이 개념을 당신과 공유한다는 생각에 흥분된다. 이것이 당신 삶의 모든 측면을 어떻게 향상시킬지 알기 때문이다. 솔직히 나는 새로운 개념이 사람들의 의식에 입력되면서 그들이 성장하거나 꽃피우는 모습을 지켜보는 것이 좋다.

이미지 창조하기의 개념을 파고들기 전에 이해할 것이 하나 있다. 이미 모든 사람이 이미지 창조하기의 개념을 활용하고 있으며 모두가 언제나 그 개념을 품고 있다는 점 말이다. 실제로 당신 인생에 찾아온 모든 것들은 이미지 창조하기의 과정에서 나온 결과물들이다. 당신은 자신이 얻은 결과들을 보면서 이 위대한 정신적 도구를 이미 활용하고 있었음을 깨닫게 될 것이다. 사람들 대부분이 얻은 결과들을 한번 살펴보자. 일반적으로 사람들은 대부분 잘못된 방식으로 이미지 창조하기 능력을 사용한다.

당신은 '이미지 창조자'다

종교 대부분은 신이 이 세상의 모든 것을 만들어냈다고 가르치는데, 나는 이 명제에 완전히 동의한다. 그러나 인간은 신과 공동창조자다. 그래서 신이 만들어낸 것에 대해 함께 책임을 져야만 한다. 이게 대체 무슨 의미일까? 언젠가 들었던 이야기가 있는데, 이 말의 요점을 명확히 설명해준다.

몇 년 전 한 성직자가 차를 몰고 외딴 시골길을 지나가다가 아주 아름다운 농장을 우연히 발견했다. 농장은 훌륭하게 가꿔져 있었다. 울타리도 잘 관리되어 있었고 농작물들은 초록빛으로 싱싱하게 빛났다. 집은 도로에서 조금 떨어진 곳에 자리하고 있었으며 흰색 페인트로 칠해져 있어 몹시 산뜻하고 깔끔했다. 아름다운 화단이 집을 둘러싸고 있었다. 도로로 이어지는 길고 넓은 차량 진입로 양쪽을 따라 키가 큰 초록색 포플러나무들이 줄을 이었다. 정갈하게 줄을 맞춰 선 나무들이 담청색 하늘을 향해 우뚝 솟아 있었다. 집 주변에는 아주 잘 다듬어진 짙은 초록빛을 띤 잔디밭이 펼쳐져 있었다. 그 찬란함은 보는 이의 숨을 멎게 할 정도였으며 마치 그림엽서에서 튀어나온 듯한 풍경이었다.

그 모습을 보다가 성직자는 길의 반대편으로 눈을 돌렸다. 그곳에는 드넓게 들판이 자리했다. 땅의 색깔은 생전 처음 보는 짙고 깊은 검은색이었고, 밭고랑들이 마치 자를 대고 그은 듯 반듯하게 줄을 맞춘 모습이었다. 그 모습에 성직자는 감탄하고 말았다. 저 멀리 밀짚모자를 등에 늘어뜨린 채 낡은 연청색 멜빵바지를 입은 농부가 트랙터에 앉아 있는 게 보였다. 성직자는 특별히 바쁜 일이 없었던 터라 길 가장자리에 차를 세운 뒤 내려서 울타리를 향해 걸어갔다. 그는 울타리 가까이 다가가서 잠시 발걸음을 멈추었다. 거기 가만히 서서 가볍게 불어오는 산들바람과 따스한 햇볕을 즐겼다. 또한 농장의 아름다움과 그토록 반듯하게 고랑을 일궈낸 농부의 능력에 탄복했다.

찻길 가까이 트랙터를 몰고 오던 농부는 성직자가 울타리에 기대 있는 모습을 보았다. 그는 트랙터를 세우고 내려와 성직자를 향해 걷기 시작했다. 농부가 가까이 다가오자 성직자는 미소를 지으며 한쪽 팔을 들어 올려 흔들며 말했다. "훌륭한 분이시군요. 이 아름다운 농장을 가졌다니 하느님께서 분명 축복을 내리셨네요."

농부는 잠시 우두커니 서서, 커다랗고 상처가 난 못 박힌 손으로 주머니에서 빨갛고 하얀 물방울무늬 손수건을 꺼냈다. 그는 팔을 들어 햇빛에 그을린 이마 위로 흐르는 땀을 닦았다. 여전히 아무 말도 하지 않고 있던 농부가 반대편 손으로 입가에서 나풀거리던 지푸라기를 천천히 떼어냈다. 그는 잠시 말없이 제자리에 서서 성직자를 바라보다가 느리고 차분한 목소리로 대꾸했다. "맞습니다, 목사님. 목사님 말씀이 옳으세요. 하느님께서 축복해주신 덕분에 저는 아름다운 농장을 가지게 되었죠. 하지만 하느님께서 이 농장을 오롯이 혼자 소유하고 계셨을 때의 모습이 어땠는지를 목사님께서 보셨더라면 참 좋았을 텐데요!"

이미지는 생각에서 만들어진 마음의 그림임을 이해하자. 그리고 마음이 위대한 이유는 생각할 수 있다는 사실에 달려 있다. 마음은 생각과 연결되어 있으며, 어떤 이미지든 선택한 대로 창조해낼 수 있다.

마음을 이리저리 가지고 놀다가 어떻게 하면 마음속의 스크린에 한 장의 사진이나 이미지를 차례대로 띄울 수 있는지 생각해보자. 당신의 몸속은 커다란 극장이고 당신은 그 안에 앉아 있다. 당신은 당신 마음속에서 상영되는 영화의 제작자이자 작가이며, 감독이 된 것이나 마찬가지다.

몇 년 전 나는《부는 어디서 오는가》라는 책을 읽었다. 이 책의 저자 월리스 와틀스Wallace D. Wattles 는 '우주의 빈 공간에 스며들고, 관통하고, 채우는 이 생각이라는 물건'에 관해 언급했다. 생각은 모든 곳에 존재한다. 우리는 마음을 통해 이 생각이라는 물건에 다가가고 우리가 선택한 이미지를 만들어낼 수 있다. 이제 이 진실을 바로 인식하자. 우리가 하는 모든 것에는 이미지가 선행된다. 우리는 이미지를 형성하기 위해 먼저 생각하고, 그러고 나서 해야 할 일을 한다.

최초의 의자는 어떻게 탄생했을까?

최초의 의자가 어떻게 만들어졌는지 생각해보자. 처음부터 우리가 의자를 썼던 것은 아니었다. 아마도 아주 오래전, 처음으로 문명화되기 시작할 때 누군가는 땅바닥에 앉는 것이 지긋지긋했을 것이다. 그가 누구였든 간에 그는 생각하다가 마음속으로 어떤 이미지 하나를 떠올렸음이 분명하다. 어딘가에 등을 기대고서 다리를 편안하게 늘어뜨린 채 앉아 있는 자신의 모습을 떠올렸을 터다. 그는 이 그림이 마음에 들었다. 그냥 앉아 있는 것보다 훨씬 더 편안한 자세일 거라 상상했기 때문이다. 땅에 주저앉아 두 무릎을 끌어당겨 턱 밑에 괴는 자세보다는 분명 더 편안한 자세였다.

이 이미지는 그에게 매력적으로 다가왔다. 그래서 생각하고 또 생각하다가 그런 물건을 만들어내겠다는 욕구가 일기 시작했다. 욕구는 그로 하여금 행동하게 만들었다. 마음속에 그림을 간직한 그는 마음 밖, 즉 현실세계에서 뭔가를 만들기 시작했다. 마음속에 간직한 이미지와 최대한 비슷한 복제품이었다. 일단 물건이 만들어지자 그는 그 위에 앉았고, 다리를 늘어뜨린 채 등을 기대보면서 훌륭하다고 생각했다. 그렇게 그는 이 물건을 '의자'라고 부르기 시작했다.

'의자'라는 단어는 대응하는 이미지를 가진 상징이며, 우리가 의자라는 상징을 보거나 들을 때 마음속에는 하나의 이미지가 떠오른다. 그 이후 사람들은 더 편안한 의자의 이미지를 만들어갔다. 푹신푹신한 의자도 있고, 접을 수 있는 의자도 있으며, 누울 수 있는 안락의자도 생겼다. 그 후 누군가가 혼자 앉아 있자니 외롭다고 느꼈고, 여럿이 같이 앉을 수 있는 의자를 생각하다가 아주 긴 의자 이미지를 마음속에 떠올렸다. 이들은 긴 의자를 만들어냈고 매우 훌륭하다고 느꼈다. 그리고 그 의자에 '소파'라는 이름을 붙였다.

우리가 하는 모든 것에는 이미지가 선행된다.

우리는 이미지를 형성하기 위해 먼저 생각하고 나서 일한다.

당신은 운명을 만들어나가는 마음의 설계자다

또 다른 이야기를 해볼까? 누군가는 나무 아래서 잠자는 데질렸다. 그래서 머리 위로 지붕이 덮인 이미지를 떠올렸고, 그렇게 집의 형태에 가까운 이미지가 떠올랐을 것이다. 그 이미지들이 실제세계에서 집으로 형상화되면서 사람들은 동굴에서 나왔고 아파트가 생겨났다. 우리는 진정으로 우리가 사는 세계를 창조해나가고 있다.

콜럼버스는 새로운 세계를 떠올렸고, 우리는 그 세계에 살고 있다. 라이트 형제는 인간이 허공을 향해 날아가는 모습을 이미지로 떠올렸고 비행기를 만들어 우리에게 새로운 세상을 소개했다. 새뮤얼 모스는 철사 줄을 통해 흐르는 에너지를 방해하는 자신의 모습을 이미지로 떠올렸고 우리가 모스 부호로 전신을 칠 수 있게 해주었다. 코페르니쿠스는 또 어떤가? 그는 지동설에서 벗어나 다양한 차원의 세계를 이미지로 그려냈고 지금 우리는 그 세계에 살고 있다.

역사는 위대한 공상가들의 성과를 기록해왔다. 우리가 이뤄낸 모든 것은 처음과 이후 한동안은 그저 설계자의 마음속에 간직된 이미지에 불과했다. 이제 당신 역시 당신의 운명을 만들어나갈 마음의 설계자임을 깨달아야 한다.

우리가 이뤄낸 모든 것은 처음과 이후 한동안은
그저 설계자의 마음속에 간직된 이미지에 불과했다. 이제 당신 역시
당신의 운명을 만들어나갈 마음의 설계자임을 깨달아야 한다.

세계적으로 유명한 골프선수 잭 니클라우스Jack Nicklaus는 공이 어떻게 허공을 가르며 날아가서, 어떻게 땅으로 떨어지고, 그 후 어디까지 굴러갈지를 정확히 보여주는 아주 명료한 이미지가 떠오르고 나서야 골프채를 집어 든다고 설명했다. 니클라우스는 이를 '극장으로 가기'라고 불렀고, 그 행위에 익숙해진 덕에 전 세계적으로 이름을 알렸다. 명성과 돈은 아주 쉽게 그의 것이 되었다.

앞서 나는 월리스 와틀스의 '우주의 빈 공간에 스미고, 관통하고, 채우는 이 생각이라는 물건'이라는 표현을 언급했다. 실제로 당신 주변의 모든 곳에, 그리고 당신 내면에는 생각이라는 물건이 존재한다. 이제는 이 진실을 인식하고 다가간 후 마음속 스크린에 이미지를 떠우는 데 활용하자. 다시 말해 당신이 필요한 것을 얻을 수 있을 만큼 충분한 돈을 가진 당신의 모습을 그리는 것이다. 당신이 원하는 삶을 사는 모습을 이미지로 떠올려보자.

개인적인 번영을 상상하면 현실로 나타난다

당신은 모든 사람이 가진 정신적인 능력을 활용하고 있다.

코페르니쿠스와 부처, 모스가 활용했던 것과 정확히 일치하는 능력이다. 이런 위인들은 나나 당신과는 다른 사람이라고 생각할지도 모르지만 그렇지 않다. 우리와 그 위인들, 혹은 다른 누군가 사이에 존재하는 유일한 차이는 외모와 업적뿐이다. 우리 모두 다양한 몸을 가지고 살아가며, 모두가 타고난 정신적인 능력을 각기 다른 방식으로 사용한다. 그러나 근본적으로 기본 원리는 같다.

몇몇 교수와 다른 전문가들은 방금 내가 말한 내용이 완전히 비상식적이라고 할지도 모른다. 그러나 이렇게 의심하는 사람들은 언제 어디에나 있었고 있을 것이다. 사실 내가 보기에 그들은 편협한 사람들이다. 진정으로 위대한 지도자들은 과거와 현재의 위인들과 당신이 동등하다는 내 말에 전적으로 동의할 것이다.

예수님조차도 2,000여 년 전에 위대한 일을 해내면서 자신이 하는 일을 우리도 할 수 있다고 세상을 향해 말했다. 사실 그보다 더 나아가 "너희는 더 큰 일도 할 수 있다."라고 했다. 예수님을 믿자. 예수님은 진실을 말씀하셨으니까. 편협한 사람들은 예수님의 뜻이 그런 게 아니라고 우기겠지만 나는 정확히 예수님이 뜻하신 바가 그렇다고 확신한다. 볼 수 있고 믿을 수 있다면, 당신은 해낼 수 있다.

나폴레온 힐은 거의 평생에 걸쳐 전 세계에서 가장 성공한 500명의 사람을 연구했고, 위대한 책《생각하라 그리고 부자가 되어라》에 그 연구의 정수를 담았다. "마음이 떠올리고 믿을 수 있는 것은 무엇이든 이룰 수 있으리라." 이 말을 믿는 사람은 별로 없지만 믿는 사람은 스스로 이를 증명해낸다.

지금 당장 당신 자신에게 증명해 보이는 것은 어떨까? 당신 마음속 스크린 위에 번영의 이미지를 떠우고, 무슨 일이 벌어지는지 지켜보자. 그러나 기억하자. 아무리 상황이 힘겨워진다 하더라도 반드시 개인적인 번영의 그림을 계속 품고 있어야 한다는 것을. 당신이 뒤처지고 있다는 생각이 들게끔 만드는 힘든 상황들과 연달아 맞닥뜨릴 가능성이 매우 높다. 하지만 포기하지 말고 지속해야 한다.

핵심은 끈기다. 개인적 번영의 이미지를 계속 마음에 품자. 그리고 당신에게 벌어지는 일은 당신이 원하는 결과를 얻을 수 있도록 준비시켜주려고 필수불가결하게 일어나는 일임을 이해하자.

나폴레온 힐은《생각하라 그리고 부자가 되어라》의 한 장 전체를 끈기에 할애했다. 이 장에서 힐은 "'끈기'라는 단어에는 영웅이라는 함축적 의미가 담기지 않았을지 몰라도, 탄소에서 강철이 만들어지듯 그 특성에서 인간의 자질이 만들어진다."라고 말했다. 또한 같은 장에서 토머스 에디슨이나 헨리 포드가 다른 사람들과 달리 특출나게 뛰어난 부분은 오직 끈기뿐이라고 강조했다. 두 사람 모두 이미지를 떠올렸으며, 그 누구에게도 혹은 그 무엇에도 현혹되지 않았고 뜻을 굽히지 않았다. 이들은 끈질겼다. 한 명은 세상을 밝혔고, 다른 한 명은 바퀴로 세상을 누볐다. 물론 둘 다 후한 보상을 받았다.

앞서 말했듯 돈은 제공된 서비스에 대한 보상이다. 에디슨과 포드는 수없이 많은 사람에게 어마어마한 서비스를 제공했고, 이들은 제공한 서비스에 정비례하는 보상을 받았다. 그러니 번영의 이미지를 떠올리고 끈기를 갖자. 이미지가 실현될 구체적 방법이 곧 떠오를 테니 말이다.

끈기는 언제나 보상받는다

몇 년 전에 내 친구이자 사업 파트너인 존 캐너리John Kanary는 나폴레온 힐의 책에 나오는 끈기에 대해 나와 이야기를 나눴다. 우리 둘 다 끈기가 지닌 중요성에 관해 깊은 인상을 받았고, 가치 있는 목표에 도달하기 위해서는 끈기가 꼭 필요하다는 점에도 공감했다. 시간이 흘러 대화가 끝나갈 무렵,

우리는 각자 30일 동안 매일 《생각하라 그리고 부자가 되어라》에서 끈기를 다룬 장을 읽기로 의기투합했다. 존에게 이 실천이 도움이 되었는지 물어볼 필요조차 없었다. 당연히 도움이 되었음을 알기 때문이다. 그리고 내게도 수없이 많은 이득을 안겨주었다.

"'끈기'라는 단어에는 영웅이라는 함축적 의미가 담기지
않았을지 몰라도, 탄소에서 강철이 만들어지듯
그 특성으로부터 인간의 자질이 만들어진다."

– 나폴레온 힐

존 캐너리와 관련해 재미있는 일화가 있다. 이 일화는 이미지 창조와 끈기의 힘 모두를 보여주기 때문에 여기서 독자들과 함께 나누기에 적합할 것 같다.

나는 존 캐너리와 몇 년 동안 알고 지냈고 여러 상황에서 함께 대화를 나눠봤지만, 이 책을 쓰는 지금에서야 그와 스스럼없이 지내고 있다. 곧 다시 언급하겠지만, 이 이야기를 꺼낸 중요한 이유가 있다.

내가 설명하려는 사건은 1971년에 벌어졌다. 당시 나는 시

카고에 살고 있었고 막 앨버타주 에드먼턴에서 강연을 마친 참이었다. 내 방으로 돌아오자 온타리오주 벨빌에 사는 존 캐너리라는 남자에게서 전화를 해달라는 메시지가 남겨져 있었다. 나는 전화를 걸었고, 몇 분 동안 짧은 대화를 나누었다. 캐너리는 나와 논의하고 싶은 일이 있으며 나를 직접 만나서 이야기해야 한다고 간곡히 부탁했다.

일정을 살펴봤지만 스케줄이 꽉 차 있어서 도저히 시간을 낼 수 없었다. 거의 매일 북아메리카의 여러 도시에서 세미나와 강연이 예정되어 있었기 때문이다. 캐너리에게 스케줄이 빠듯하다고 설명했고 그를 진심으로 만나고 싶지만 시간을 내기 어렵다고 말했다. 그러나 캐너리는 끈질긴 사람이었다. 나는 "좋아요, 오늘 밤 자정에 저는 에드먼턴에서 시카고로 떠납니다. 시카고로 가기 위해서는 토론토를 경유해야 하고요. 저는 아침 7시에 토론토에 도착하고, 곧바로 다른 터미널로 움직여야 해요. 1시간 15분 후에 제2터미널에서 비행기를 타는데 그때 당신과 만날 수 있으면 좋겠네요. 다만, 밤새 비행기를 타고 온 다음이라 정신이 그리 맑으리라는 보장은 할 수 없어요."

내가 바쁘다는 것만을 강조한 말이 아니다. 캐너리 역시 아침 7시에 도착하는 나를 만나려면 이른 아침에 일어나 벨빌에서부터 200킬로미터가 넘는 길을 달려 토론토로 와야 한다는 의미도 포함된 말이다. 캐너리는 대답했다. "거기서 뵙죠."

다음 날 아침 나는 공항 커피숍에서 캐너리를 만났다. 그는 나의 일을 궁금해했고 어떻게 일을 하는지 내 설명을 열심히 들었다. 그러고는 자기도 나와 같은 일을 하고 싶다고 말했다. 캐너리는 세미나를 열고 싶어 했으며, 비용이 얼마나 들든 지불할 준비가 되어 있다고도 설명했다.

캐너리의 이야기를 듣고 있자니 마치 라디오에서 흘러나오는 팝송을 듣는 것 같았다. 그의 말을 계속 듣고 또 들었다. 내가 진행하는 거의 모든 세미나에는 나와 같은 일을 하고 싶다며 사람들이 찾아온다. 미시시피주 빌럭시에서도, 몬태나주 뷰트에서도 그랬다. 로스앤젤레스나 뉴욕에서도, 멍크턴이나 몬트리올에서도 여러 사람에게서 같은 이야기를 들었다. 그런 이들의 이야기는 철 지난 꽃노래 같았다. 나는 토론토에서 잘 모르는 사람과 함께 있었고, 그는 나처럼 일하려면 자기가 무엇을 해야 하는지 물었다.

캐너리의 이야기를 들으면서 다른 사람들과 함께 있을 때 떠올렸던 이미지들이 다시 내 마음을 스쳐갔다. 나는 내가 떠났던 모든 출장을, 사람들이 꽉 들어찬 호텔 연회장의 무대에 올라 강연을 해야 한다는 두려움을 기억하고 있었다. 그들은 내 입에서 흥미로운 이야기가 나오길 바라는 동시에 '이 사람, 지금 자기가 무슨 얘기를 하는지 알기나 할까?'라고 생각하며 나를 마음속으로 평가하고 심판했을 터다.

나는 강연이 시작되면 끝날 때까지 40분의 시간 동안 몇백 명의 낯선 이들과 친밀한 관계를 형성하며 그들의 흥미를 끌어내야만 했다. 다양한 상황에서 다양한 청중을 대상으로 강연을 해왔다. 밤새워 책을 읽고 연구하며 보낸 날들, 세계 곳곳에서 열리는 세미나에 참석해 끊임없는 배움으로 채운 날들, 하루 종일 사람들의 주목을 끌기 위해 거의 무료로 일하던 날들이 떠올랐다. 이 모든 시간이 바로 내 마음을 스쳐갔던 이미지들이었다. 이 자리에 오기까지 내게는 11년이라는 세월이 필요했다.

캐너리 같은 사람들이 어떻게 하면 강연가가 될 수 있는지 물어올 때 어떻게 대답해야 할까? 특히 '당신은 무엇이든 할 수 있다'라는 주제로 강연을 하는 내게 그런 질문을 해온다면 뭐라고 해야 할까? 그들에게 어떻게 부정적인 말을 할 수 있겠는가. "아니요, 당신은 절대 할 수 없을 겁니다."라고 말이다. 하지만 현실적으로 나 이외에 유명 강연가 두세 명을 제외하면 대중 강연만으로는 먹고살 수 없다. 이런 현실을 무시하고 "그렇게 합시다."라고 말할 수 있을까?

존 캐너리가 말을 마친 후, 나는 강연가가 되고 싶어 했던 사람들에게 했던 말을 그에게도 해주었다.

"좋아요, 당신은 할 수 있어요. 하지만 어려운 일입니다. 당신이 그 사실을 이해하고 있는지 확실히 해야 해요. 엄청난 양의 공부를 해야만 할 겁니다. 당신이 강연에서 이야기할 내용에 대해 잘 알아야 할 뿐만 아니라, 당신이 한 이야기에서 파생되는 1,001개의 질문에도 답할 수 있어야 합니다. 가끔은 의사나 엔지니어, 변호사 같은 전문직 종사자들이 질문을 할 때도 있을 거예요. 이 사람들은 보통 자신의 이야기에 확신을 갖고 있죠. 당신은 정확하고 틀림없어야 할 뿐만 아니라 자신감이 넘쳐야 합니다. 그렇지 않으면 청중 전체가 당신을 믿지 못하게 됩니다. 그런 일이 한두 번만 일어나도 이 일에서 영영 멀어지게 되죠.

제가 말하는 것들을 명심해야 합니다. 당신이 강연을 철저하게 준비하지 않으면 당신이 하는 이야기에 확신이 담기지 않게 돼요. 준비가 철저하지 않으면 당신이 가르치는 내용에서 모순이 드러날 수도 있고요. 그러면 설득력과 신뢰를 모두 잃게 됩니다. 그건 아픈 사람이 건강관리를 가르치는 것만큼이나 거의 불가능한 일이죠.

여기엔 쇼맨십도 필요하고, 목소리 조절하는 법도 배워야
해요. 그리고 그 배움은 계속되어야 합니다. 존, 다시 말하지
만 성공한 사람이 한 명 있다면 1,000명은 비참하게 실패했
다는 걸 잊지 말아야 합니다."

보통 이런 설명을 하면 사람들은 그래도 계속해보고 싶다
며 고집을 부린다. 하지만 그들 중 내게 연락을 해온 사람은
없었다. 내게는 캐너리 역시 그들과 같아 보였다. 그는 여전
히 계속해보고 싶다고 말했다. 그러나 내가 틀렸다. 캐너리
는 그들과 달랐다. 그를 다시 만날 수 있게 된 것이다.

나는 그에게 무엇을 읽고 무엇을 할지 이야기해주었고 그
는 내 말대로 읽고 행했다. 캐너리는 수백 권의 책을 읽었다.
게걸스레 먹어 치웠다는 표현이 더 어울린다. 그는 책을 낭
송해 카세트테이프에 녹음했고 그것을 차에서 들었다. 그뿐
만이 아니다. 자비를 들여 전국 방방곡곡 나를 따라다녔으며
수백 차례의 세미나에도 참석했다. 수천 장에 달하는 메모를
했고 부지런히 공부했다.

마침내 나는 그에게 내 세미나의 첫 부분과 마지막 부분을
맡겼고, 그 후에는 혼자서 세미나의 한 부분을 이끌어갔다.
이 일을 처음 시작할 때 캐너리는 공포에 질려 있었으며 식
은땀을 줄줄 흘렸다. 가끔은 청중들이 자신을 어떻게 생각할

지 너무 걱정돼서 아는 것도 모두 잊어버릴 정도였다. 알다시피 청중은 얼마든지 잔인해질 수 있다. 이 모든 어려움과 두려움에도 캐너리는 포기하지 않았다(이 과정에서 계속 그의 돈이 들어갔다는 점을 명심하라. 돈을 받고 하는 일이 아니었다).

존 캐너리는 나처럼 강연가로 일하는 자신의 이미지를 계속 그리며 만들어갔고, 그것을 멈추지 않았다. 그는 끈질긴 사람이었다. 그리고 효과가 있었다. 언제나 그래왔고 앞으로도 그럴 것이다. 오늘날 그는 세계에서 가장 큰 기업들의 존경을 받는 사람이다. 북아메리카의 거의 모든 대도시에서 강연을 해왔으며, 내가 처음 그를 만났을 무렵 1년 동안 벌었던 돈보다 더 많은 돈을 하루에 벌고 있다.

만일 여러 개의 학위를 땄을 뿐만 아니라 이름 앞에 다양한 수식어가 붙는 누군가가 나타나서 이미지 창조에 관해 떠들며 끈기는 아무런 소용이 없다고 말한다면 존 캐너리를 찾아가 묻자. 그러면 캐너리는 이렇게 대답해줄 것이다. "당신이 할 수 있다는 것을 압니다. 왜냐하면 제가 그것을 해냈거든요!"

어느 일요일, 캘리포니아주 샌타애나의 필립 나콜라 목사가 비슷한 주제로 설교를 한 적이 있다. 나는 다행히도 그곳에 사는 동안 그의 설교를 들을 수 있었다. 그는 이렇게 말했다. "낮은 수준의 걱정이 아니라 더 높은 수준의 이미지에 집중하세요." 이 일을 언제나 쉽게 할 수 있는 것은 아니지만 그렇게 할 수만 있다면 엄청난 보상이 따른다. 그렇게 하는데 필요한 것은 바로 '정신력'이다.

이미지를 창조하고 그 이미지를 붙들어놓을 정신력을 지금부터 키우자. 나폴레온 힐이 세상을 떠나기 몇 년 전, 얼 나이팅게일은 《생각하라 그리고 부자가 되어라》를 요약해서 LP에 녹음했다. 녹음본 마지막 부분에 힐이 등장해서 이렇게 말한다. "그리고 이제 저는 시간과 공간을 초월해 우정의 악수를 건네며 여러분께 알려주고 싶습니다. 저 멀리까지 기회를 찾아 헤매지 말고, 바로 지금 여러분이 있는 자리에서 찾아내 활용하십시오."

지금 이미지를 창조하고
그 이미지를 붙들어놓을 정신력을 키우자.

와틀스는 이렇게 말했다. "이 생각거리는 온 우주를 관통하고 스민다." 두 사람 모두 동일한 이야기를 하고 있다. 그러니 지금, 당신이 있는 바로 그 자리에서 이미지를 창조해야 한다. 이 책을 다 읽을 때까지 기다릴 필요 없다. 지금 당장 이미지를 떠올리고, 책의 나머지 부분을 읽으며 이미지를 강화하자. 시험 삼아 해볼 필요도 없다. 그냥 더 부유하고 번영한 당신의 이미지가 의식 한가운데를 둥둥 떠다니게 하자. 그 이미지는 이미 존재하므로 모습을 드러내게 만들면 된다. 그뿐이다.

지금껏 긴 세월을 살아오면서 나는 내가 원하는 이미지를 마음에 품고 있을 때 내면에서 인생을 성공으로 이끄는 힘이 솟아난다는 진실과 마주했다. 이 위대한 진실 덕에 내 인생에서는 여러 경이로운 일들이 현실로 나타났다. 또한 나는 다른 사람들의 삶에서도 올바른 이미지가 성취해낸 놀라운 결과를, 그 수많은 사례를 보아왔다.

폴 헛시가 163위 지점을 6개월 만에 2위로 만든 비결

이 장을 마무리하기 전에 폴 헛시Paul Hutsey의 이야기를 들려주고자 한다. 그의 이야기를 하지 않고 이 장을 넘기는 건 말도 안 된다. 이 이야기는 텍사스주 휴스턴에 있는 푸르덴셜 생명보험의 부사장이던 찰리 벡에게서 걸려온 전화 한 통으로 시작된다. 찰리 벡은 내게 토론토에서 열리는 회사의 지부 회의에서 강연을 해달라고 부탁했다. 회사에는 총 네 개의 지부가 있는데 각 지부가 돌아가며 3일 동안 회의를 연다고 설명했다. 그 말인즉슨 나보고 약 12일 동안 토론토에 머물며 일해달라는 뜻이었다.

당시 나는 로스앤젤레스에 살고 있었지만 토론토는 내 고향이었다. 가족과 친구들이 모두 그곳에 살고 있었기에 그 제안이 꽤 마음에 들었다. 나는 벡에게 그 프로그램에서 내가 쓸 수 있는 시간이 얼마나 되는지 물었다. 그는 "약 한 시간 정도예요."라고 대답했다. 나는 아직까지도 누군가를 한 시간 안에 가르치는 법을 터득하지 못했다. 그래서 그에게도 그렇게 말했다. 지부마다 이틀씩, 아침 시간을 할애해준다면 기쁜 마음으로 가서 강연을 할 수 있으며 아침마다 내가 두 시간 삼십 분을 쓸 수 있길 바란다고 설명했다.

벡은 숨이 넘어갈 정도로 껄껄 웃으면서 100년에 달하는 회사 역사상 그런 일은 해본 적이 없다며 남부 사투리로 대꾸했다. 모든 임원이 프로그램에 배정되어 있어서 특별히 누군가에게만 그리 많은 시간을 내줄 수 없다는 것이다.

그러나 나는 완고했다. 벡에게 내가 함께 일했던 그 회사의 다른 부사장들 이름을 알려주며, 내 제안이 그만한 가치가 있는지 직접 확인해보라고 했다. 나는 그 일이 정말 하고 싶었기 때문에 약간 아쉬워하며 전화를 끊었다. 그래서 벡의 비서가 전화를 걸어와 내 제안대로 하기로 했다고 전해주었을 때 조금 놀랐다. 비서는 벡을 어떻게 설득했기에 승인이 났는지 모르겠지만, 각 지부에서 이틀간 아침 강연을 할 수 있다고 말했다.

나는 그 자리에서 당장 이 사람들에게 뭔가 특별한 것을 선사해야겠다고 결심했다. 내가 하라는 대로 그들이 따라와주기만 한다면 하룻밤 사이에 인생을 바꿔놓을 수도 있었다 (매출액을 바꿔놓을 것임은 말할 것도 없었다). 나는 이미지의 힘에 관해 강연할 예정이었다. 더 구체적으로 말하자면, 자기 이미지의 힘과 긍정적인 자기 이미지를 가졌을 때 얻을 수 있는 것들에 대해서였다.

한 지부에서 프로그램을 마친 후 내게 꼭 하고 싶은 말이 있다며 어떤 남성이 다가왔다. 그는 내가 세미나에서 설명한 내용에 감명을 받았다면서 자신이 겪고 있는 문제의 해결책을 내가 알고 있을 거라고 말했다.

지부 회의마다 참석자는 약 200명에 달했다. 많은 사람이 나와 이야기하고 싶어 하지만 모두와 개인적으로 이야기를 나눌 시간은 없다고 그에게 설명했다. 또한 다른 약속이 있어서 시간에 맞춰 가려면 바로 출발해야 한다고도 덧붙였다. 하지만 그는 끈질겼다. 결국 우리는 다음 날 아침 커피숍에서 만나 아침을 먹기로 약속했다.

그날의 만남이 마치 어제처럼 생생하게 기억난다. 우리 둘은 애비뉴 로드의 하얏트 하우스 호텔 커피숍 입구 쪽에 앉았다. 그는 자리에 앉자마자 허겁지겁 말을 시작했다. 내게 자신의 문제를 이해시키려면 먼저 자기 이야기를 털어놔야만 한다고 말했다.

그는 자신이 좋은 사람이라고 말하며 이야기를 시작했다. 내가 보기에도 그 말은 사실이었다. 나 역시 그가 좋은 사람이라고 느꼈다. 그는 자신이 20년 이상 푸르덴셜에서 일했으며 그 가운데 2년을 관리자로 지냈다고 설명하더니 이렇게 말했다. "저는 꽤 좋은 관리자입니다." 그런 후 자기는 근무 성적이 괜찮으며 좋은 직원들과 일하고 있고, 이 회사의 임원들에게 존경을 받는다고도 덧붙였다.

이 말을 하자마자 찰리 벡과 휴스턴에서 온 수석 부사장 딕 메릴이 들어왔다. 둘은 우리 자리로 다가와 폴 헛시가 그 해 달성한 성과를 축하했고, 나와도 몇 마디 나눈 뒤 다시 자리로 돌아갔다. 헛시와 나도 다시 앉아 대화를 이어갔다. 헛시는 이렇게 말했다. "저분들이 하신 말씀은 사실 그대로입니다." 나는 그 말이 진짜라는 것을 알 수 있었다. 두 수석 부사장은 입에 발린 말이 아니라 진심으로 헛시를 축하하며 진지하게 말했다.

마침내 헛시가 고민을 털어놨다. "바로 이게 제 문제랍니다. 저는 캔자스주 위치타에서 지점을 운영하고 있어요. 500개가 넘는 푸르덴셜의 지점 중에서 저희 지점이 175위죠. 그리 나쁘지 않은 순위입니다. 부끄러울 게 없지요." 당연히 부끄러운 성적이 아니었다. 그 정도면 상당히 괜찮은 순위였다. 그는 말을 이어갔다. "바로 이게 문제입니다. 저는 우리 지점이 상위 100위권에 들 만큼 훌륭하다는 걸 압니다. 그런데 그러지 못하고 있어요. 저는 매년 순위를 올리려 노력하는데 도무지 오르질 않네요."

그 순간 나는 폴 헛시가 가진 문제의 원인을 알았다. 나는 그에게 175위라는 현재의 매출 성적표가 마음속에 이미지로 각인되어 있음을 설명했다. 헛시는 100위 안에 들기 위해 열심히 노력했지만, 스스로를 175위라고 인식한 채 거기 붙들려 있었다. 그와 그의 직원들은 모두 열심히 일했고, 그들은 모두 다 훌륭한 직원들이었다. 나는 헛시에게 매출 성적표가 어떻게 나왔든 간에 무조건 상위 100위 안에 든 모습을 떠올려야 한다고 말했다. 즉 폴 헛시의 지점이 이미 상위 100위권에 있는 것처럼 행동하라는 뜻이다. 마음속으로는 자신이 물리적 차원에서 되고 싶은 모습이 이미 이뤄져 있어야만 했다. 이 개념을 전체 직원들에게 어떻게 전달할지에 대해서도 배워야 했다.

당신이 영업직에 종사한다면, 매출 성적표가 어떻든 간에
이미 상위 100위권에 있는 것처럼 생각해야만 한다. 그리고
마음속으로는 자신이 물리적 차원에서 되고 싶은 모습이
이미 이뤄져 있어야만 한다.

헛시의 마음이 반짝이며 빛나는 것이 보이기 시작했다. 우리는 한동안 이야기를 나누었다. 나는 마음에 관해 가능한 한 많은 내용을 그에게 설명했다. 마음은 어떻게 작동하는지, 특히나 마음속에 적절한 이미지를 품고 있는 것이 어떤 영향력을 미치는지 알려주었다. 헛시는 내가 시간을 내준 것에 감사하며 위치타로 돌아갔다.

하루쯤 지나고 나서 위치타의 폴 헛시에게서 걸려온 장거리 전화를 받았다. 그는 내 마지막 세미나를 어디에서 하는

지 알고 싶어 했다. 나는 푸르덴셜 생명의 중서부 지점이 있는 일리노이 남부에 있을 거라고 말했다. 헛시는 2~3일 정도 나와 함께 여행을 해도 되겠느냐고 물었다. 나는 헛시에게 남서부 지역의 전체 지점에서 세미나를 열기로 찰리 백과 협의했다고 설명했다. 그리고 세미나 장소로 선택한 지역 가운데 한 곳은 헛시가 있는 위치타였다.

하지만 내가 위치타로 가려면 6주는 기다려야 했고, 폴은 당장 나를 만나고 싶어 했다. 결국 그는 자비를 들여 약 970 킬로미터를 날아와 나와 함께 사흘을 보냈다. 우리는 일리노이주의 리치필드부터 라살까지 함께 움직였다. 한 도시에서 다른 도시로 운전해 넘어가는 동안 우리는 몇 시간이고 이야기를 나눴다. 헛시는 세미나에 열심히 참여하며 엄청난 양의 필기를 하루 종일 해댔다. 저녁이 되면 우리는 더 많은 시간을 대화하며 보냈다.

마침내 헛시는 위치타로 돌아가 나에게 배운 개념들을 적용하기 시작했다. 그는 자신이 원하는 이미지를 끊임없이 떠올리며 일했고, 그 결과 매출이 상승했다. 그런데 어쩐 일인지 알 수 없는 이유로 상사들은 헛시를 매출액 163위인 캔자스주 피츠버그 지점으로 발령을 내려 했다. 이는 헛시가 몇 년 동안이나 위치타 지점에서 일하며 회사를 위해 쏟은 노력에 걸맞은 보상으로 보이지 않았다. 그래도 헛시는 좌절하지 않았다. 오히려 이 발령을 도전으로 받아들였고 피츠버그로 옮겼다. 그 결과 어떤 일이 벌어졌을까? 고작 6개월이 흐른 뒤 피츠버그 지점은 회사 전체에서 11위로 올라섰다.

푸르덴셜은 매년 상위 25개, 즉 상위 10퍼센트 지점을 선정해 표창한다. 피츠버그 지점은 9년 동안 표창을 받은 적이 한번도 없었다. 하지만 폴 헛시가 담당한 지 겨우 6개월 만에 상위 2퍼센트 안에 들어갔고, 2년 뒤에는 겨우 몇 퍼센트 차이로 1위 자리를 놓쳤다. 지금 폴 헛시는 휴스턴에서 남서부 지역 전체를 책임지는 부사장으로 일한다. 분명 그는 마음속에 품은 이미지의 놀라운 힘을 제대로 배운 사람이다.

뭔가를 하려면 먼저 뭔가가 되어야 한다

오늘날 폴 헛시와 이야기를 나눌 기회가 있다면 그는 이렇게 말할 것이다. "절대로 현재의 결과가 마음속의 이미지로 고착되지 않도록 해야 합니다. 그 대신 자신이 원하는 이미지를 마음에 품고, 마치 이미 그렇게 이뤄낸 것처럼 행동해야 합니다."

폴 헛시는 의문의 여지 없이 마음속으로 이미지를 창조하고 실행하는 모습을 보여준 최고의 사례다. 헛시는 마음을 공부하는 진지한 학생이 되었고, 나는 아주 기쁜 마음으로 그를 훌륭한 친구라고 소개할 수 있다.

당신 역시 폴 헛시가 몇 년 동안 해왔던 것처럼 해낼 수 있다. 내가 하라고 한 일을 시작하겠다고 결심하고, 지금 당장 그 자리에서 시작하자. 당신이 원하는 이미지를 그리고 이미 그것을 이룬 것처럼 행동해야 한다. 조금 다르게 표현해 "당신이 되고 싶은 그 사람처럼 행동하자."라고 말할 수 있다. 이는 독일의 철학자 괴테가 한 말과도 일맥상통한다. "뭔가를 할 수 있으려면 우선 뭔가가 되어야만 한다."

이 장을 다 읽고 나면, 책을 덮고 긴장을 풀어라. 창조적인 에너지로 당신의 의식을 채우고, 인생의 더 풍요로운 단계에 접어든 자신의 이미지를 빚어내라. 과거에는 꿈만 꿨던 것들을 이미 소유한 자신의 모습을 상상하고 떠올리고 바라보는 것이다. 당신이 만들어낸 이미지와 그 이미지가 주는 에너지가 당신이라는 존재 전체를 채우며 그 주변을 둘러싸고 있다. 그저 책장만 넘기지 말고 내가 제안하는 대로 바로 행동해보라.

이 책의 서문과 제1장을 거듭 반복해서 읽거나 외우는 것만으로는 인생에서 성공할 수 없다는 사실을 강조했다. 이해하고 실천하는 것만이 진정 부유한 삶으로 통하는 문을 여는 열쇠다.

책장을 쓱쓱 넘기거나 개념들을 대략 훑으며 '나 이거 알아, 저것도 알아'라고 생각하고 싶은 유혹에 빠질 수도 있다. 하지만 당신이 이 개념들을 앵무새처럼 정확하게 따라 할 수 있다고 해도, 심지어 토씨 하나 틀리지 않게 암송할 수 있다고 해도 그걸로는 아무런 변화도 일으킬 수 없다.

당신이 열망하는 인생, 당신이 원하는 성공이 결과로 나타나지 않는다면, 당신은 내가 말한 개념들을 제대로 이해하지 못한 것이다. 또한 그것을 행동으로 옮겼을 때 발현되는 힘을 이해하지 못했다는 의미다.

이해하고 실천하는 것이 진정 부유한 삶으로 통하는
문을 여는 열쇠다.

지금 당장, 바로 이 순간 이미 부를 소유한 자신의 모습을 마음속 이미지로 만들어내라. 조그마한 카드에 당신이 원하는 이미지들을 짤막하게 적어라. 그것을 주머니 안에 넣고

다니면서 그 이미지가 당신의 의식을 채울 때까지 매일 몇 번씩 반복해서 읽어보라.

카드에 들어갈 문구를 다음과 같이 써보자.

나는 정말 행복하다. 이제 나는 이런 사람이 되었기 때문이다.

_____

_____

_____

자기 자신을 친절히 대해야 한다. 인생에서 누릴 수 있는 최상의 것들로 자신을 대우하자. 그리고 기억하자. 좋은 것은 비싼 게 아니라 가격을 매길 수 없을 정도로 가치 있는 것임을!

제 4 장

내려놓고
신에게 맡겨두어라

약속의 땅

더 이상 머나먼 하늘을 올려다보지 않으리.
아버지가 내어주시는 사랑의 손길이 있기에
이 땅에 아버지의 보물이 놓여 있기에
이곳에 아버지의 왕국이 있기에.
더 이상 약속의 땅을 찾기 위해
미지의 안개 속을 헤매지 않으리.
시간은 아버지가 앉으신 왕좌의 발등상이며
나는 아버지의 손안에 있기에.
가장 귀한 금보다 더한 부가 여기에 있으니,
나는 구하기만 하면 된다네.
그리고 헤아릴 수 없는 지혜와 말로 옮길 수 없는 힘이
바로 여기 모든 일에 존재하네.
천국의 문은 바로 내 눈앞에 있고
그 열쇠는 내 손 안에 있기에,
더 이상 머나먼 하늘을 올려다보지 않으리.
바로 이곳이 약속의 땅이기에.

– 앨바 로마네스 Alva Romanes

아주 멋진 일이 벌어지고 있다.

도저히 극복할 수 없을 듯한 문제에 직면해서 대신 해결해줄 누군가에게 떠넘기고 싶다는 생각을 남몰래 해본 적이 있는가? 또는 가만히 앉아서 많은 돈을 가졌으면 좋겠다고 바라거나, 이국적인 곳으로 여행을 가고 싶다는 소망을 품은 적은? 아니면 늘 꿈꿔왔던 자동차를 살 수 있기를 희망한 적은? 아마 다들 마음속 스크린 위에 연신 아름다운 그림들을 떠우며 몽상에 빠진 적이 있을 것이다. 어떤 마법의 공식이 있어서 우리가 원하는 대로 다 이뤄주고, 우리가 선택하는 대로 살 수 있게 해준다면 얼마나 환상적일까?

음, 사실 그런 마법의 공식은 존재한다. 시간이 생겨난 이래로 항상 존재해왔다. 당신은 당신이 원하는 것을 모두 가질 수 있다. 이 책의 내용을 당신 것으로 만들어 당신이 생각하는 방식과 살아가는 방식에 적용하기만 하면 된다.

제4장을 읽고 또 읽겠다고 결심하라. 이 장의 내용이 마음 깊숙이 와닿아서 정말로 이해할 수 있을 때까지, 필요하다면 100번 넘게 읽어도 좋다. 이 장에서 제시하는 개념을 파악하는 데 실패한다면 책의 나머지는 거의 가치가 없다고 봐야 한다. 그러나 일단 이 장을 이해한다면 엄청난 빛이 들어와 마음을 밝히고 진정으로 당신의 인생을 비춰줄 것이다. 그리고 다시는 과거의 당신으로 돌아가지 않으리란 걸 깨달을 것이다. 그렇게 되면 그 어떤 사람이나 물건, 상황도 다시는 당신을 위협할 수 없다. 손 하나 까딱하지 않으면서 그저 바라기만 하던 날들은 끝났다. 행복과 건강, 그리고 부가 평생 당신을 따를 것이며, 당신은 남은 생애 동안 새로운 깨달음을 모두와 나누고 싶어질 터다. 시간을 들여 당신의 이야기에 귀를 기울이고 배우고자 하는 사람이라면 누구든 말이다.

하지만 주의할 것이 있다. 당신이 깨달은 것을 나누고자 해도 대다수 사람은 준비가 되어 있지 않다는 점이다. 실제로 당신이 "내려놓고 신에게 맡겨두어라."라는 마법의 공식을 공유하면 열에 아홉은 웃음을 터트리면서 다른 사람들에게 당신이 이상하다고 말할 것이다. 매일 마주치는 사람 대부분이 하느님을, 마치 부르면 달려와서 심부름이나 하는 우주의 벨보이쯤으로 여기기 때문이다.

이들은 마음속으로 "하느님, 제게 이렇게 해주세요."라든지 "하느님, 저걸 원하니 제게 주세요."라고 특정 생각을 표현하면 그대로 얻을 수 있다고 잘못 믿고 있다. 불행하게도 이 사람들은 기도의 진정한 특성을 이해하지 못한다. 더 비극적인 것은 자기들이 모른다는 사실조차 모른다는 점이다.

잠재력은 언제나 어디에나 있다

이 우주에서 자기 자신을 비롯해 우리가 보는 모든 것은 무한한 힘을 지니고 있다. 이 힘은 당신을 향해, 당신 안으로 흘러간다. 과학자들은 이 모든 것을 에너지라고 말할 것이다. 나는 이 모든 것을 '영적인 힘'Spirit이라고 말하려 한다.

몇 세기 동안 진정한 사상가로 꼽히던 이들이 있다. 이들은 우주의 공간으로 속속 스며들고 꿰뚫어 채우는 힘이 존재한다는 것을 알고 있었다. 또한 우리가 주변에서 보는 모든 현상이 그 힘의 표현이라는 사실도 알고 있었다. 이 힘은 아주 정확한 방식으로 작동하기 때문에 우리는 이를 두고 보통 '법칙'이라고 부른다. 다시 말해 모든 것은 하나의 근원에서 시작되며 이 근원에서 나온 힘은 언제나 한 사람, 즉 당신을 향해 흐르고 당신을 위해 작동한다. 살짝 바꾸어 표현하자면, 당신이 마음속에서 빚어낸 이미지는 오직 한 가지 방식으로 인생의 물리적 차원에서 나타난다. 즉 당신의 성과로 나타나는 것이다. 그리고 이 방식은 바로 법칙과 믿음을 통해 작동한다.

"과학자들은 이 모든 것을 에너지라고 말할 것이다.
나는 모든 것을 '영적인 힘'이라고 말하려 한다."

– 밥 프록터

모르몬교의 경전 《교리와 성약》Doctrine and Covenants 에는 이 점을 극명하게 잘 보여주는 성구가 있다. 나는 모르몬교도는 아니지만 이 구절을 좋아한다.

이 세상에는 한 가지 법칙이 있나니, 이 세상의 기초가 놓이기 이전부터 하늘에서 변경할 수 없게 선포되었으며 모든 축복이 근거를 두는 법칙이다.

그리고 우리가 하느님으로부터 축복을 받을 때는, 선포된 그 법칙에 순종하였기 때문이리라.

- 《교리와 성약》(130:20-21)

이 구절을 곱씹을수록 얼마나 완벽한 구절인지 그 진가를 더욱 잘 알아볼 수 있다. 그 진실을 이해할수록 인생의 질을 높이기가 더 쉬워질 것이다.

믿음이야말로 창조의 힘이다

몇 년 전 시카고에서 일하던 시절, 나는 클래런스 스미티슨이라는 이름의 남성과 가까운 친구가 되었다. 스미티슨은 유명한 사람이 아니기 때문에 당신은 단 한 번도 그의 이름을 들어본 적이 없을 터다. 사실 그는 수수하고 자신을 잘 드러내지 않는 사람이라서, 사람들로 붐비는 공간에 걸어들어와도 아무도 눈길조차 주지 않을 것이다. 그럼에도 클래런스 스미티슨에게는 뭐라 형용할 수 없는 번뜩임이 존재한다. 그는 내가 알고 지내는 사람들 가운데 가장 놀라운 사람이다.

클래런스 스미티슨은 이 장에서 말하고자 하는 내용과 그 원리의 표상과도 같은 인물이다. 한 사람이 모두 내려놓고 하느님께 맡긴다면 모든 것이 가능해진다는 사실 말이다. 자신이 원하는 일이 이루어지는 데 필요한 일들이 실제로 일어날 것이라는 믿음을 가진다면 말이다.

어느 날 나는 우연히 스미티슨을 만나 믿음에 관한 견해를 들려달라고 부탁했다. 더 구체적으로는 왜 그가 개인적으로 가장 중요하고 핵심적인 자질을 갖고 있는 것처럼 보이는지 설명해달라고 했다. 그는 타고난 성정대로 이 주제와 관련해서 어떤 복잡한 이론 같은 건 없다고 설명했다. 믿음에 관해 생각하는 모든 것을 아주 간단한 정의로 요약할 수 있다고 했다. 그리고 이 정의 덕분에 살면서 겪은 시련과 고난을 견디는 데 필요한 용기를 낼 수 있었다면서 이렇게 덧붙였다.

"믿음이란 보이지 않는 것을 볼 수 있고 믿을 수 없는 것을 믿을 수 있는 능력이에요. 믿음이 있는 사람은 그렇지 않은 대다수가 불가능하다고 생각하는 걸 얻을 수 있어요."

나는 이 특별한 정의에 반해버렸다. 그리고 스미티슨이 이 정의를 알려준 이후 수도 없이 많은 사람과 이를 나눠왔다. 살짝 다르게 표현하자면 나는 이렇게 논하고 싶다. "당신이 위대한 성과를 거둔 사람을 보여준다면, 나는 마음속에 그리는 대로 성취하도록 하느님이 주신 능력을 굳게 믿는 사람을 보여줄 것이다." 역사적으로 믿음은 언제나 기적을 일으켜 왔다고 믿는다. 믿음은 하느님과 당신 사이의 연결고리이며, 가장 중요한 비물질적 자산이다. 그리고 당신이 일평생 창조하거나 성취할 수 있는 모든 것의 주춧돌이다.

오늘날 성취를 위해서 자기 자신(영적이고 완벽한 자신의 일면)에 대한 믿음이 얼마나 많이 필요한지를 깨달은 사람은 거의 없다. 왜일까? 사람들 대부분이 결코 믿음을 진정한 창조의 힘으로 생각하지 않기 때문이다. 그러나 사실 믿음은 진정한 힘일 뿐만 아니라 우리가 조우할 수 있는 가장 위대한 존재다. 나는 당신이 일생 무엇을 성취하든 이는 '믿음의 강도'와 '믿음의 지속됨'에 직접적으로 비례한다고까지 감히 말하려 한다.

다윗이 골리앗을 이긴 결정적 이유

《성서》에 나오는 '다윗과 골리앗'의 이야기를 떠올려보자. 이 이야기는 믿음이라는 주제에 관한 가장 위대한 증거다.

거인 골리앗이 이스라엘에 쳐들어와 자신과 결투할 사람을
내보내라고 거들먹거리며 말했다. 이스라엘인들은 겁에 질
렸고, 당연히 아무도 그 도전을 받아들이겠다고 나서지 않
았다.

"당신이 위대한 성과를 거둔 사람을 보여줄 수 있다면,

나는 마음속에 그리는 대로 성취하도록 하느님이 내리신

능력을 굳게 믿는 사람을 보여줄 수 있다."

– 밥 프록터

그러나 골리앗이 싸움을 걸기 위해 다시 찾아오자 거인의
불쾌한 거들먹거림을 우연히 들은 이스라엘 소년 다윗이 나
선다. 골리앗과 결투하게 해달라며 원로들에게 긴히 간청한
후에야 이 소년은 골리앗 앞에 나설 수 있었다.

원로들은 다윗이 몸을 보호하기 위해 두꺼운 갑옷으로 여
러 겹 무장해야 한다고 주장했다. 강력한 상대를 제대로 공
격할 수 있게 칼도 주었다. 그러나 다윗은 이렇게 말했다.
"저는 이 물건들에 익숙지 않습니다. 이런 불편한 것을 두르
고는 싸울 수가 없어요. 이것들은 제게 맞는 무기가 아닙니

다. 제게는 거인과 싸울 다른 무기들이 있습니다." 결국 다윗은 모든 무기를 내려놓고, 간단한 새총과 근처 개울에서 주운 조약돌 몇 개만 들고 결투에 나섰다.

블레셋의 거인은 머리끝부터 발끝까지 갑옷을 뒤집어쓰고 거대한 무기를 쥔 방패지기들을 앞세웠다. 중무장한 거인은 무기도 없을뿐더러 갑옷조차 입지 않은 이스라엘 소년을 보자 화가 머리끝까지 치밀었다. 골리앗은 다윗에게 말했다. "이리 오너라. 내가 네 피와 살을, 하늘을 나는 새와 들판의 짐승들에게 내어줄 것이니라."

소년 다윗은 절대로 겁을 먹지 않고 거인에게 이렇게 대꾸했다. "당신은 칼과 창, 방패를 들고 나왔으나 저는 주의 이름으로 맞서겠습니다. 주는 당신이 업신여기는 이스라엘군의 하느님이시니, 오늘 하느님은 당신을 내 손아귀에 쥐어줄 것입니다."

거인 골리앗은 갑옷, 칼, 방패처럼 눈에 보이는 무기만 믿는 반면 다윗은 눈에 보이지 않는 하느님을 믿었다. 그 결과 이스라엘의 양치기 소년은 자기보다 훨씬 센 상대인 거인을 이길 수 있었다. 돌팔매질 하나로 다윗은 골리앗을 쓰러뜨렸고, 거인은 목숨을 잃고 만다.

'내려놓고 신에게 맡겨두어라'라는 원리를 받아들이고, 어떤 일이 일어나든 반드시 목표에 도달하리라 믿어라. 그러면 당신은 다윗처럼 인생의 '거인'을 성공적으로 무찌를 수 있다. 그리고 적절한 시기가 되면 당신이 그려온 이미지가 현실로 나타나는 것을 보게 될 것이다.

우리가 열망하는 대로 성취하지 못하는 건 능력이 없어서가 아니다. '내려놓고 신에게 맡겨두어라'라는 원리에 내포된 믿음이 없어서다. 우리가 이 원리를 믿는다면 목표를 달성하는 데 필요한 모든 것이 실제로 이루어질 수 있다.

신성 혹은 모든 것을 내어주는 존재, 무엇이라 불러도 좋다. 그 힘과 연결됨으로써 우리 안의 영적인 힘에 쉽게 다가갈 수 있다. 그런데 대부분은 이러한 진실을 믿지 않는다. 자신의 마음 안에서 이 연결을 만들어내지 못한다면, 또는 신의 전능함을 믿음으로써 생겨나는 신성한 자신감이 없다면, 당신은 간절히 바라던 그 사람이 절대로 될 수 없다. 당신의 모든 기도는 응답을 받지 못한 채 돌아올 것이며, 최선을 다해도 아무런 열매도 맺지 못할 것이다. 또한 부정적인 태도는 목표가 실현되지 못하도록 좌절시킬 것이다.

실패에 대한 두려움이나 원치 않는 결과에 관한 이미지로 가득 찬 마음 상태로는 어떠한 것도 성취하거나 창조하거나 생산해낼 수 없다. 창조주는 한 사람이 집 천장을 거꾸로 걸을 수 있게 해주려고 중력의 법칙을 바꾸지 않는다. 마찬가지로 성취의 법칙이 가진 창조적 원리를 쉽게 위배할 수 없다. 따라서 절대 불변의 이 인생 법칙에 순종해야만 당신이 원하는 것을 성취하고 간절히 되고 싶은 그 모습이 될 수 있다.

다시 정리해보자. 창조적인 과정의 첫 단계는 긴장을 풀고 당신이 열망하는 결과를 이미 소유한 자신의 모습을 이미지로 그려보는 것이다. 두 번째 단계는 내려놓고 하느님께 맡겨두는 것이다.

어떤 일이든 영Spirit, 靈을 담아서 하려면 그 힘이 언제 어디서나 늘 존재한다는 진실을 믿어야만 한다. 그렇게 해서 우리가 소망할 때 우리가 선택한 곳에서 긍정적인 생각에 다가설 수 있으며, 신이 주신 능력과 힘을 갖고 있음을 스스로 믿게 된다. 이처럼 자신이 영적인 힘을 통해 창조력을 발휘할 수 있다는 사실을 제대로 인식한다면 세상을 더 긍정적으로

창조의 2단계

- **1단계** : 긴장을 풀고 당신이 원하는 것을 이미 소유한 자신의 모습을 이미지로 그려보자.
- **2단계** : 내려놓고 하느님께 맡겨두자.

대할 수 있다. 나아가 단호하며, 밝게 빛나고, 자립적인 존재가 될 수밖에 없다. 당신을 끌어내리고 제지하려 드는 힘을 물리치고 지배할 수 있게 된다.

일단 이런 상황이 벌어지면, 우주의 모든 힘이 합쳐져서 당신이 목표에 도달하고 원하던 것을 실현하도록 도와준다. 당신은 우주의 창조물이며 정신의 살아 있는 일부다. 이런 점을 이해할 때 비로소 당신이 인생에서 매일 달성해내는 결과를 본질적으로 바꿀 수 있다.

앞서 말한 '영'은 영원히 당신 안으로 흘러들어오고 당신을 통해 흐르는 힘이다. 그리고 우리는 이 힘을 '생각'이라고 부른다. 영이나 생각이 당신 안으로 흘러 들어오면 당신은 그 힘을 가지고 형성할 이미지를 고를 수 있다. 직접 실험해보자. 자리에 앉아 긴장을 풀고 이 위대한 창조의 능력을 온전히 느껴보자. 실제로 마음속 스크린에 이미지 또는 그림을 차례대로 떠올릴 수 있다. 자동차나 집, 다니는 회사나 사업장처럼 구체적으로 이미 존재하는 것들의 이미지일 수도 있다. 혹은 단기적인 목표나 장기적인 목표처럼 아직 존재하지 않는 것들의 이미지일 수도 있다.

영적인 힘은 당신이라는 존재의 본질이지만, 당신이 조력하지 않으면 절대로 형체를 갖추거나 이미지로 만들어질 수 없다. 멀찍이 물러서서 아무것도 하지 않은 채 "하느님이 알아서 돌봐주실 거야."라고 말하는 사람들은 그저 스스로를 속이고 있을 뿐이다. 하느님은 스스로 돕는 자를 돕는다. 그러니 창조의 과정을 시작하고 싶다면 언제나 당신의 역할을 충실히 이행해야 한다.

이미지를 창조하고, 마음속으로 그 이미지가 구체적으로 실현될 것임을 믿어라. 하느님은 우리 눈에 보이지 않는 위대한 존재이며 당신의 세포 하나하나에 살아 계시므로 하느님을 믿고 우러러봐야만 한다. 또한 마음속에 이미지를 형성하는 순간 하느님은 당신만의 완벽한 방식으로 일을 하시고 완전히 새로운 진동으로 당신을 데려간다. 다시 말해 당신이 다르게 느끼기 시작하리라는 의미다.

그러니 언제나 기억하자. 당신이 전과 다르게 느끼는 새로운 기분은 하느님이 정말로 일을 하신다는 증거다. 당신은 기분이 고양될 때 열정을 느낀다고 말할 것이다. '열정'enthusiasm 이라는 단어는 '신'을 의미하는 고대 그리스어 'en theo'에서 파생되었다. 당신의 열정적인 태도는 행동을 변하게 만들고 결국 당신은 다르게 행동하기 시작한다.

게다가 당신이 느끼는 새로운 진동 때문에 당신과 생각이 비슷한 다른 사람들을 향해 움직이고 끌리게 된다. 이상하고도 경이로운 일들이 벌어지기 시작할 것이다. 때론 무슨 일이 벌어지는지 설명하거나 심지어 이해하지 못한 채 갈팡질팡하는 일도 벌어질 터다. 그러니 이해하거나 설명하려 들지 말고 이것이 하느님의 방식이려니 혹은 창조의 힘이 움직이는 방식이려니 하고 이해해야 한다. 찾아오는 결과를 담담히 받아들이고 미래에도 같은 결과가 더 많이 생겨나리라 기대하자.

회의론자들은 그저 운이 좋았을 뿐이라 말하겠지만, 그런 말은 그냥 흘려들어라. 당신이 원하는 이미지를 마음속에 계속 품고 있는 한 언제나 보상을 받게 된다. 반드시 일어나야할 일이 적절한 순간에 일어나리라는 믿음을 갖자. 마음속 혹은 잠재의식 속에서 계속 확언하는 이미지는 영에 새겨진다. 그리고 그러한 영은 힘을 지니게 되며 당신이 지금 꾸는 꿈들을 미래의 현실로 바꿔놓을 능력도 지녔다. 이 분명한 사실을 언제나 기억해야 한다.

겉으로는 일이 그다지 잘 풀리지 않는 것처럼 보일 수도 있다. 혹은 자신이 잘못된 방향으로 가는 게 아닌지 걱정스러운 마음이 들지도 모른다. 하지만 장담컨대 당신이 원하고 꿈꾸던 이미지를 잠재의식 속에 굳건히 심어놓는 한 그럴 일은 없다. 당신이 꿈꾸던 이미지를 잠재의식에 심어놓는다면,

당신이 가고자 하는 방향으로 계속 움직이게 된다.

가끔 특별히 열정적인 기분이 들거나 혹은 특별한 행운이 찾아왔을 때만 자기 자신을 믿어서는 안 된다. 일시적인 믿음으로는 충분하지 않다. 믿음을 가졌다 말았다 하면서 자신의 가능성을 온전히 믿지 못하는 것은 정신의 왕국을 갉아먹는 일이나 마찬가지다. 개구리가 우물 밖으로 기어 나오려 애쓰다가 매번 굴러떨어지면서 점점 더 약해지고 용기가 꺾이는 것과 같다.

반복적으로 무너지고 떨어지면서 계속 나아갈 수는 없다. 이런 식으로 실패의 악순환을 시작하는 사람은 번영의 이미지를 떠나보내고 그 대신 빈곤의 이미지를 쌓는 데 창조의 힘을 낭비하는 것과 다름없다.

앞서 언급했듯, 신은 당신에게 궁극적으로 바람직한 결과를 안겨주기 위해 언제나 열심히 움직이신다. 그러니 립 서비스에 불과한 말이 아니라 내면 깊은 곳에 자리한 진심 어린 생각과 이미지를 통해 신에게 요청해야 한다. 이것을 언제나 명심하자. 당신은 하느님의 형상에 따라 창조된 사람이다. 그러니 자기 자신과 하느님의 힘(다른 이름을 붙여도 상관없다)을 믿고, 그 믿음을 되새기면서 하루를 시작하고 끝내는 습관을 가져야 한다. 이 믿음은 당신에게 가장 귀중한 것이니 반드시 지켜내야 한다. 나약해지거나 낙담하지 말아라. 무엇보다 부정적인 생각에 빠질 위험에서 스스로를 지켜내야 한다.

의심, 두려움, 비관주의, 그리고 부정적인 생각은 인생의 근원을 파괴한다. 에너지와 열정, 야망, 희망, 믿음, 그 외에도 인생에 목적을 부여해주고 기쁨을 주며 창의적으로 만들어주는 모든 것들을 무너뜨리기 때문이다. 그러니 당신이 품은 야망의 정신적인 동지들, 당신의 목적을 구체적으로 실현하는 데 도움이 되는 특성들만 의식적으로 품자. 군건한 믿음을 품을 때 부정적인 생각은 힘을 잃는다. 부정적인 생각이 당신의 새로운 이미지와 조화로운 진동을 이루지 못하기 때문이다. 당신은 내면에 자리한 하느님의 힘을 의식적으로 인식함으로써 정신적으로 더 강해진다.

의심, 두려움, 비관주의, 그리고 부정적인 생각은 인생의
근원을 파괴한다. 에너지와 열정, 야망, 희망, 믿음, 그 외에도
인생에 목적을 부여해주고 기쁨을 주며 창의적으로
만들어주는 모든 것들을 무너뜨리기 때문이다.

고된 시간이 찾아오면 더욱 강해져야 한다

상황이 힘겨워지면 당신은 더 강해져야 한다. 분명 더 강해질 수 있다. 로버트 슐러Robert Schuller 박사는 "힘겨운 시기는 오래가지 않는다. 그러나 역경을 견뎌낸 강한 사람은 오래간다."라고 말했다. 믿음이 약해지거나 경이로운 성취를 이뤄낸 위대한 원동력이 바닥나고 있을 때는 뭔가 조치를 취할 필요가 있다. 이럴 때 효과를 발휘하는 몇 가지 방법을 소개하려 한다. 이것들은 내가 몇 년 동안이나 실제로 효과를 본 것들이며 당신에게도 효과가 있을 것이다.

믿음을 얻고 강화하기 위해 매일 자기암시의 기술을 활용하자. 이는 모든 인간의 특성 가운데 가장 위대하고도 필수적인 부분으로, 어마어마한 정신적 힘을 만들어내는 원천이다. 이 '정신적 훈련'은 언제나 혼자 힘으로 실행해야 한다. 그리고 자기 자신에게 크고 단호한 목소리로 힘차게 말해야 한다. 누군가에게 매우 중요한 확언을 들려주는 것처럼 당신이 말하고자 하는 바를 진지하게 소리 내어 표현하자. 자기 자신에게 이야기할 때는 먼저 자기 이름을 말한 뒤에 다음의 내용을 소리 내어 말한다.

(당신의 이름)야, 너는 하느님의 자녀야. 하느님이 나약하고 부정적인 삶을 살아가라고 창조하신 존재가 아니란다. 하느님은 실패가 아니라 성공하라고 너를 만드셨다. 하느님은 그 누구도 실패하도록 내버려두지 않으시지. 너는 자신에 대한 의심으로 네 존재가 지닌 위대한 목적을 그르치고 있어. 네가 간절히 바라던 그런 사람이 될 수 없을 거라는 비참한 의심 말이다. 마치 스스로 부적격자인 것처럼, 내면에 창조적인 능력을 갖고 있지 않은 것처럼, 창조주가 네게 하라고 명하신 일을 할 능력이 없는 것처럼. 우울하고 슬프고 실의에 빠진 얼굴로 살아가는 것을 부끄러워해야 해. 너는 네가 원하는 것을 하고, 간절히 표현하고 싶은 것을 표현하도록 만들어졌어. 그러니 그렇게 하는 게 어떨까? 낙담과 의심에 자리를 내주고 마치 실패한 듯한 모습으로 살아가서는 안 돼. 그 대신 골리앗을 쓰러뜨린 다윗처럼 혹은 정복자처럼 당당히 서서 걸어보는 것은 어떨까? 완벽함의 이미지, 창조주가 네게 주신 이미지는 이미 너의 내면에 있어. 그 이미지들을 의식적인 생각의 중심으로 가져와서 이 세상에 펼쳐보자. 그 이미지를 무시하고, 신이 의도했던 장엄한 성공을 이루지 못함으로써 창조주를 모욕해서는 안 돼.

우리는 하느님의 형상에 따라 창조되었고 창조주 안에 있다. 이러한 사실을 믿고 단호하게 확언하기 위해서는 어마어마한 성취의 힘, 즉 발전시키고 강화하는 능력이 바탕이 돼야 한다. 이는 자기중심적인 발상도 아니고 잘못된 생각을 미화하거나 허황된 인간을 모방하는 것도 아니다. 그저 하느님과의 친밀한 관계를 강력히 믿는 것일 뿐이다.

세상의 요구가 아닌
내면의 목소리에 귀를 기울이자

이미지를 구체적으로 실현하기 위해 억지로 밀어붙여서는 안 된다. 억지로 힘을 가하면 무효가 되기 때문이다. 억지로 상황을 만들어서 자기 방식대로 밀어붙이는 것은 하느님의 방식에 어긋날 수 있다. 그러니 내면에서 속삭이는 조용한 목소리를 따르는 법을 배우자. 다른 사람들이 시킨 대로 하는 것이 아니라 '내면에서 들리는' 목소리를 따라야 한다.

내면의 조용한 목소리는 대부분의 사람이 살아가는 방식과는 다르게 하라고 명할 때가 있다. 그러나 너무 걱정할 필요 없다. 역사상 가장 위대한 지도자들 가운데 다수는 이단으로 배척받았다. 그들은 세상과 다른 박자에 맞춰 앞으로 나아갔기 때문이다. 이 위인들은 세상이 가장 중요하다고 말하는 일을 하기보다는 자기 내면에서 들려오는 조용한 목소리를 따랐다.

잠재의식 속 금고 깊숙이 당신이 원하는 이미지를 넣어두어라. 그리고 그 이미지를 더욱 강화하고 감정적으로 관여하자. 그렇게 함으로써 당신은 내려놓고 하느님께 맡겨둘 수 있다. 어떤 이유 때문이든 흔들릴 때도 있고 궤도에서 벗어날 때도 있을 것이다. 하지만 스스로 궤도에서 벗어났음을 깨닫는다면 당신의 영혼은 멈춰버린 바로 그 지점에서부터 회복될 테니 걱정하지 마라. 당신은 다시 올바른 진동을 되찾고 인생의 성공으로 향하는 바른 궤도에 오를 수 있다.

다음의 내용을 그대로 따라 해보자.

1. 긴장을 풀고, 당신이 원하는 결과를 이미 손에 넣은 자신의 모습을 바라보자.
2. 내려놓고 하느님께 맡겨두자.

제 5 장

열망하고 기대한 만큼
풍요가 찾아온다

마음은 강력한 자석과 같아서 마음먹기에 따라 무엇이든 끌어들인다.
기대는 마음 상태를 결정하고, 마음이 무엇에 반응할지 또 무엇이
인생으로 끌려올지를 좌우한다. 기대는 축복이 될 수도 있고 저주가
될 수도 있다. 어느 쪽이든 간에 기대는 눈에 보이지 않지만 인생에서
가장 강력한 힘 가운데 하나임이 분명하다.

당신은 수입을 늘리기 위해 무엇을 하고 있는가?

이 질문에 대한 답이 '아무것도 하지 않는다'라면 혹은 무엇을 해야 할지 이제야 진지하게 생각하기 시작했다면, 이 책의 앞부분에서 제시한 개념들을 이해하지 못한 탓이리라. 이 책은 10개의 장으로 이루어져 있고, 각각의 장은 직소 퍼즐 조각을 닮았다. 조각들을 모두 맞춰야만 전체 그림을 볼 수 있는 퍼즐처럼 각 장은 서로 연결되어 있다. 그래서 그 무엇도 빠뜨려선 안 되며 제 자리에 있어야 한다.

이제 우리는 책의 핵심에 도달했다. 그러니 앞으로 등장할 개념들에 특히나 긴밀한 관심을 기울여주길 바란다. 그래야만 모든 조각을 한꺼번에 성공적으로 엮어낼 수 있다. 그리고 각각의 내용과 개념들을 전체의 흐름 속에서 이용하고 활용할 수 있다.

이 장의 내용을 제대로 이해하고 적용한다면 갈망하는 모든 바람직한 결과를 인생으로 끌어들이는 촉매제가 바로 '기대'임을 깨달을 것이다. 그러나 아주 조심하지 않으면 기대는 파괴적이고 치명적인 적으로 급격히 돌변할 수도 있다. 이런 이유로 눈에 보이지는 않지만 강력한 이 힘을 어떻게 실행할 것인지 제대로 이해해야 한다.

마음속에서 부를 시각화하지 않으면 물질세계에서 부를 가질 수 없음을 이미 이해했을 터다. 다시 말해 부자가 되고자 한다면 마음속으로 이미 부자가 된 자신의 모습을 그려야 한다. 우리를 둘러싼 빈곤을 극복하려면 먼저 우리 내면 깊숙한 곳에 뿌리 박힌 궁핍을 정복해야 한다.

앞서 나는 '부는 영적인 영역 내에 가득한 풍요로움과 온전함, 그리고 완전함에 대한 내적인 인식에 지나지 않는다'고 설명했다. 사랑하는 하느님, 보편적인 영혼, 혹은 뭐라고 부르든 간에 우주의 영적인 중심이 당신을 보호하며 돌보고 있음을 의식한다면 절대 빈곤하다고 느낄 수 없다. 나를 따라 해보자. 이 세상에 '공급의 부족'이란 존재하지 않았고 지금도 존재하지 않는다. 다만 의식의 한계 때문에 우리가 스스로 빈곤을 만들어냈을 뿐이다.

'기대'란 갈망하는 모든 바람직한 결과를 인생으로 끌어들이는 촉매제다. 그러나 극도로 조심하지 않으면 기대는 파괴적이고 치명적인 적으로 급격히 돌변할 수도 있다.

8촉 전구를 켤 것인가, 100촉 전구를 켤 것인가?

이제 내가 들려주려는 이야기는 당신이 지닌 무한한 가능성의 근원에 대한 이야기다. 문명의 혜택을 받지 못하고 평생을 살아온 한 가난한 부부를 마음속에 떠올려보자. 이 부부는 갑자기 작은 마을로 이주하게 됐는데, 놀랍게도 새집은 전기로 불을 켤 수 있는 곳이었다. 이들은 전기의 힘을 경험해본 적이 없었고 평생 전깃불을 본 적이 없었기 때문에 8촉 전구가 집을 밝혀주는 모습에 완전히 넋이 나가고 말았다.

몇 달이 지나 부부는 전구에 익숙해졌고 현대 생활에서 당연히 받아들여야 할 것으로 여기기 시작했다. 그러던 어느 날 화려한 언변을 지닌 한 영업사원이 현관문을 두드렸다. 그는 집 안을 밝게 하려면 부부가 쓰는 8촉 전구만으로는 충분치 않다면서 새롭게 출시된 60촉 전구를 사야 한다고 말했다. 새로운 문물에 더 과감해진 부부는 영업사원에게 최신 제품을 시연해봐 달라고 부탁했다. 새로운 전구의 플러그를 꽂고 전기를 켜자 부부는 다시 한번 기절할 듯 놀라고 말았다. 새 전구는 빛을 내뿜을 뿐만 아니라 방 전체를 밝혔기 때문이다. 이 부부는 이렇게 밝은 빛이 항상 존재할 수 있다는 사실을 상상조차 해본 적이 없다. 또한 어마어마하게 밝아진 빛이 그 작디작은 8촉 전구를 밝혀주는 것과 동일한 전류에서 생겨나는 것이라고는 전혀 생각지 못했다.

"신기한 일이야." 우리는 밝은 전깃불을 보고 놀라는 이 부부의 순박함에 미소를 짓곤 한다. 하지만 이 부부가 전류의 힘을 인지하지 못했던 것처럼 사람들 대부분은 자신이 지닌 힘을 깨닫지 못하고 있다. 그동안 발명된 전구 중 가장 밝은 전구보다 더 장엄하게 빛나는 빛으로 우리 삶을 채워줄 무한한 빛의 흐름이 우리를 감싸고 있다. 하지만 대부분은 그런 것이 존재할 가능성에 대해 꿈조차 꾸지 않는다.

우리에겐 무한한 에너지의 빛이 흐르며 그것에 연결시키기만 하면 더 나은 결과를 가져오고 더 번창하는 삶을 살 수 있다. 그런데도 우리는 이런 단순한 진실조차 제대로 이해하지 못하는 실정이다. 그 대신 우리 대부분은 에너지를 갉아먹는 의심과 두려움으로 자신의 가능성을 옥죄고, 번영의 유입을 완전히 차단하고 만다.

원하는 걸 얻는 두 가지 요인 '열망'과 '기대'

우리는 관습적인 생각의 패턴을 완전히 바꾸어야 한다. 그러길 강력히 권한다. 지금 당장 바꿔보자. 개방적이고 기대에 찬 마음을 향해 풍요로운 물줄기가 언제나 흐르고 있음을 기억하자. 당신은 물질세계, 즉 현실세계에서 부를 창조하기 위해 필요한 모든 것을 이미 가지고 있다. 설사 구체적인 형태는 아니라 해도 말이다. 따라서 당신이 원하는 결과를 얻으려면 결정적으로 다음의 두 가지가 필요하다. 첫 번째는 열망이고, 두 번째는 기대다.

당신은 지금까지 대다수 사람이 사는 방식대로 살아왔을 것이다. 목표에 도달하기 위해 유일하게 필요한 것은 '열망'이라는 잘못된 가정을 품고서. 하지만 당신이 원하는 것을 얻게 되리라는 '기대'가 열망과 결합하지 않는다면 어떻게 될까? 구체적인 목표를 향해 노력하기 시작할 때마다 계속 좌절하고 실망하는 자신을 발견하게 될 것이다.

인생을 살면서 경험했던 것들을 떠올려보라. 원하던 목표에 도달할 때마다 당신은 그 목표를 열망했을 뿐 아니라 그것을 손에 넣으리라 기대했다.

인생에서 원하는 결과를 얻기 위한 두 가지 결정적인 요인은 '열망'과 '기대'다.

다시 반복해보자. 기대 없는 열망은 막연히 희망에 젖은 생각일 뿐이다. 앞서 짚어봤듯 거의 모든 사람이 긍정적으로 희망하면서도 부정적인 기대를 하기 때문에 원하는 것을 얻지 못한다.

월리스 와틀스는 위대한 책《부자가 되는 사람들의 비밀》에서 '열망'이 무엇인지에 대해 기가 막히게 멋진 정의를 내렸다. "열망이란 아직 행동으로 표현되지 않은 가능성을 향한 노력이다."

다른 말로 하자면 이상과 꿈, 또는 현실에서 이루고자 하는 부와 같은 목표는 잠재의식 속에 적절히 심어지고 나서야 열망이 될 수 있다. 일단 열망이 마음속에 굳건하게 자리를 잡으면, 당신의 목표나 꿈이 모순된 생각이나 부정적인 감정들로 방해를 받지 않도록 지켜준다. 이 책에서 다뤘던 개념과 내용을 다시 살펴보자. 그러면 진정한 부를 기대하는 태도를 함양하고 기르는 데 상당한 도움이 된다.

우리는 '돈'에 관한 논의로 이 책을 시작했다. 돈의 진정한 특성을 이해하고자 했고, 돈은 유용하면서 순종적인 하인이라는 결론을 내렸다. 그러나 모든 하인과 마찬가지로 돈은 우리가 고용했을 때만 유용하다는 것도 배웠다. 따라서 돈은 언제나 일을 하고 있어야 한다. 그렇지 않으면 흩어져서 사라지고 만다. 일하지 않는 돈은 다락에 처박아둔 낡은 신문 뭉치만큼이나 쓸모없다.

그다음, 우리는 정확히 얼마만큼의 돈을 원하는지와 관련한 내용을 살펴보았다. 당신이 선택한 방식대로 살기 위해 원하는 것들을 얻으려면 얼마나 많은 돈이 필요한지 매우 구체적으로 생각해야만 한다는 사실도 알게 됐다. 이 금액이 결정되면 의식적 마음의 스크린에 이 부를 이미 소유한 자신의 이미지를 의식적으로 떠올려야 한다는 것과 그 중요성을 탐구했다. 또한 이미지가 형성되는 방식과 그 이미지가 우리 인생에서 맡은 역할에 대해서도 간략하게 이야기를 나눴다.

그 후 우리는 의식의 개념을 검토했다. 우리가 자산을 불리기에 앞서 마음속으로 부자가 된 우리의 모습을 떠올린 후 각인시키는 것이 얼마나 중요한지 살펴보았다. 우리는 번영의 개념을 잠재의식 속에 어떻게 담아야 하는지, 어떻게 해야 부를 이미 소유했다고 생각할 수 있는지를 배웠다.

제4장 '내려놓고 신에게 맡겨두어라'에서는 우리가 신과 공동창조자임을 깨달았다. 자기 생각을 선택하는 능력과 마음먹은 이미지를 창조할 수 있는 능력이 어떻게 우리의 의식적 마음에 존재하는지 알게 됐다. 그 후 그 이미지를 우리의 잠재의식으로 보내는 방법에 대해서도 배웠다. 잠재의식은 우리 존재의 영적인 중심이며 우리의 일부다. 잠재의식은 우리가 제시하는 그 어떤 개념이나 이미지도 기꺼이 받아들이고, 구체적인 형태로 바꿔서 행동으로 표출한다. 이 창조적인 과정과 그 안에서 우리가 맡은 역할을 진정으로 이해할 때 기대가 자연스러운 마음가짐이 된다는 것 또한 깨달을 수 있다. 외부 세계에서 어떤 상황이 벌어지든 다른 사람들이 무슨 말을 하든 상관없다.

인생에서 성공하려면 마음속 이미지가 구체적 현실로 나타나게 되리라는 사실을 절대적으로 믿어야만 한다는 이야기도 나왔다. 또한 우리 자신을 육체 안에 담긴 비육체적 자아로 인식할 때 이 모든 일이 일어나기 시작하리라는 것도 알게 되었다. 몸은 그저 비육체적인 자아의 육체적 표상일 뿐이다. 그것을 깨닫는다면 우리는 몸이 마음의 순종적인 하인이며 마음의 진동에 따라 움직이고 존재한다는 것을 이해할 수 있다.

정신적인 발달과정에서 단순히 물질적인 부의 이미지가 구체적으로 나타나리라 믿을 뿐 아니라 실제로 드러날 것임을 아는 단계에 도달해야 한다. 그 지점에 다다르면 당신은 당신이 원해왔던 부의 이미지가 현실에서 구체적으로 나타나리라고 기대하기 시작할 것이다. 그 누구도, 그 무엇도 당신에게 억지로 마음속에 있는 뭔가를 보도록 할 수는 없다. 기억하자. 진실이 항상 눈에 보이는 모습으로 나타나는 것은 아니다.

정신적인 발달과정에서 단순히 물질적인 부의 이미지가

구체적으로 나타나리라 믿을 뿐 아니라

실제로 드러날 것임을 아는 단계에 도달해야 한다.

당신은 영혼이 통과해 흐르는 전구다

한 기자가 부유한 노신사를 인터뷰하면서 언제 성공했는지 물었다. 노신사는 이렇게 답했다. "저는 공원 벤치에서 자고 있을 때 이미 성공했습니다. 왜냐하면 제가 어디에 있는지, 또 어디로 가고 있는지 알고 있었기 때문입니다." 이 책을 여기까지 읽었다면 당신은 당신이 어디에 있는지, 어디로 가고 있는지 이미 알고 있다. 그러니 당신이 원하는 곳에 도달하리라는 기대를 갖자.

열망은 꿈을 향해 움직이도록 해주는 원동력이며 기대는 당신의 꿈을 당신이 있는 방향으로 움직여줄 끌어당김의 힘이다. 시각화한 부를 향해 움직이는 당신의 모습을 보고, 시각화한 부가 당신에게 끌려오는 모습을 보라. 적절한 시기가 되면 당신은 당신을 향해 움직이는 부와 연결된다. 얼마만큼의 기간이 지나야 하는지는 아무도 알지 못한다. 그러므로 하룻밤 사이에 부가 실현되지 않는다 해도 인내심을 잃어선 안 된다. 우리가 분명히 아는 것은 무엇이든 이루어지기 위해서는 시간이 필요하다는 점이다.

모든 씨앗이 발현하기 위해서는 잉태 혹은 배양의 기간이 필요하다. 당신이 의식적 마음의 스크린에 띄우고 잠재의식으로 옮겨 심고자 선택한 부의 이미지가 바로 씨앗이다. 그리고 이 씨앗은 당신이 심을 수 있는 가장 비옥한 밭에서 구체적인 형태로 자라날 것이다.

이 시점에서 다른 누군가가 이 새로운 부를 지켜봐줄 필요는 없다. 심지어 당신이 부를 이룰 것임을 아무도 믿지 않아도 상관없다. 새로운 부는 오직 당신이 보고 당신이 믿어야만 한다. 나폴레온 힐이 자신의 책에서 언급한 전제, 즉 '마음이 품고 믿을 수 있는 것이라면 무엇이든 성취할 수 있다'는 말은 정말 진실이다. 다른 말로 표현하자면 다음과 같다. "무릇 그가 마음으로 생각한 대로 사람됨도 그러하리니."(잠언 23:7, 고대인들은 잠재의식과 마음을 같은 뜻으로 사용했다.)

평범한 거울은 당신이 들고 있는 물건을 다른 이미지로 비추지 못한다. 마찬가지로 당신의 잠재의식 역시 당신의 이미지를 바꾸거나 고칠 수 없다. 하지만 기억하자. 사람들에게 당신의 생각을 말하라거나 세상이 당신의 생각을 믿길 바라야 한다는 의미가 아니다. 오직 당신만이 통제할 수 있는 내면 깊은 곳에 자리한 생각이 진실을 안다는 의미다. 그게 바로 당신이 기대하는 것이고, 당신이 끌어당기는 대상이며, 당신이 궁극적으로 얻게 될 대상이다.

잠재의식의 힘과 영적인 힘을 연구할수록 당신이 열망하

는 모습에 더 가까이 다가갈 것임을 기대하는 게 점점 더 쉬워질 것이다. 영 안에서는 모든 것이 가능하다. 원래 상태의 영은 민감하고 눈에 보이지 않는 창조적인 물질이다. 그 유일한 목적은 확장하고 완전히 표현하는 것이다. 다시 말해서 '성장'이 목적이라는 의미다. 그러나 영은 자신을 표현하려는 도구에 부여된 한계치 안에서만 재생산되고 확장되며 표현될 수 있다.

영은 당신을 향해 흐르고 또 당신을 통해서 흐르기 때문에 당신이 도구가 된다. 따라서 당신이 마음속에 품고 있는 이미지나 개념은 당신을 향하고, 당신을 통해서 흐르는 영적인 힘에 한계를 부여한다. 이런 의미에서 보자면 당신을 노부부가 집에 가지고 있던 전구에 비교할 수도 있겠다.

전구는 전기가 통과해 흐르는 도구인 것처럼 당신은 영이 통과해 흐르는 도구다. 노부부가 8촉 전구의 플러그를 꽂았을 때 전기는 전구의 출력에 따라 빛을 발하는 정도가 제한된다. 그러나 60촉 전구의 플러그를 꽂으면 전기는 더 밝은 빛으로 마음껏 빛난다. 100촉 전구라면 훨씬 더 밝은 빛까지도 허용된다. 따라서 당신이 빈곤의 이미지를 품고 있다면 물질세계, 즉 현실에서 빈곤한 모습으로 나타날 것이다. 하지만 이제 당신은 번영의 이미지를 품고 있으므로, 현실에서도 분명 번영의 모습이 나타날 것이다. 다시 말해 가난의 이미지를 품으면 실제로 가난하게 되고, 부자의 이미지를 품으면 실제로도 부자가 된다는 뜻이다.

손에 잡히지 않는 창조적인 물질인 영은 씨앗을 향하고 씨앗을 통해 흐른다. 그리고 물리적 형태로 모습을 드러낸다. 앞서 언급했듯 영은 법칙에 따라 흐른다. 끌어당김의 법칙은 원인이며, 성장이나 확장은 결과다. 그러니 그 어떤 한계도 없이 완벽하게 타고난 영적인 도구인 자신의 모습을 계속 시각화하자. 그렇게 함으로써 당신이 열망하는 모습, 당신이 꿈꿔온 결과를 자연스레 얻을 수 있다.

의심은 열망이 펼쳐지지 못하도록 방해하는 요인이다. 마음속에서 계속 의심의 이미지를 만들어낸다면 당신이 열망하는 것을 결코 현실에서 이룰 수 없다. 이 점을 명심하자. 당신의 생각이 구체적인 사실이 되고 몸이나 사건으로 실현될 때까지는 오직 영만이 당신이 생각하는 것을 알고 있다. 그러다 당신의 생각이 구체적 현실로 나타나고 당신의 꿈이 이루어지면 당신과 접촉하는 모든 사람이 알게 될지도 모른다. 지적인 에너지는 당신의 생각을 구체적인 형태로 만들고, 공개적으로 보상해주기 때문이다.

전구는 전기가 통과해 흐르는 도구인 것처럼

당신은 영이 통과해 흐르는 도구다.

우리는 생각하는 대로 된다

우리는 "생각하는 대로 이루어지리라."라는 말을 언제나 마음 깊이 간직해야 한다. 뭔가 근사한 일이 벌어질 것이라고 기대한다면 중단하지 말고 계속 그것을 믿으면서 기도하자. 가끔 신체적 한계에 부딪혀 좌절하거나 마음이 의심으로 뒤덮일 때가 있다. 바로 이때가 더 큰 확신을 품은 채 기도하고, 더욱 강한 기대감을 가지려 노력할 때다.

의심에 맞서 당신의 마음을 끊임없이 보호해야 한다. 의심은 심각한 손상을 입히는 부정적 진동이기 때문이다. 책의 앞부분은 대부분 긍정적인 생각의 힘, 다시 말해 번영의 이미지를 빚어내는 것에 할애되었다. 이와 반대되는 것, 대척점에 있는 것이 바로 의심, 즉 부정적인 생각이다. 마음에 의심을 품었다는 건 원치 않는 이미지들을 만들어내고 있다는 뜻이다. 게다가 의심하는 이유를 지어내면서 의심을 정당화하는 것(합리화)은 아무런 도움이 되지 않는다.

잠재의식과는 타협할 수 없다. 잠재의식은 공정함도 유머 감각도 없으며, 심지어 당신에게 득이 되는지 해가 되는지조차 판단할 줄 모르기 때문이다. 잠재의식 속에서는 모든 이미지가 있는 그대로 존재할 뿐이다. 잠재의식은 부정적이고 걱정스럽고 의심스러운 이미지를 번영의 이미지만큼이나 빠르고 적극적으로 받아들인다.

의심을 만들어내는 부정적 생각을 품고 있는가? 그걸 깨달았다면 평온을 찾고 긴장을 풀기 시작하라. 이미 열망하던 대로 번영한 모습을 상상하라. 이런 행동을 통해 당신의 신묘한 마음으로 흘러들어가는 정신적인 흐름을 바꿔놓을 수 있다.

모든 의식을 통해 당신이 현실에서 원하는 결과를 얻게 될 것임을 기대하자. "비밀스럽게 생각하자. 그 생각은 반드시 실현된다. 환경은 그저 당신을 비추는 거울일 뿐이다." 이는 제임스 앨런James Allen이 100년 전에 한 말이지만, 오늘날에도 여전히 유효한 진실이며 앞으로도 영원히 진리로 남을 것이다. 그러니 당신의 '개인 컴퓨터'가 좋은 결과를 기대하도록 프로그래밍하자. 그것이 바로 당신이 얻게 될 결과다.

"비밀스럽게 생각하자. 그 생각은 반드시 실현된다.
환경은 그저 당신을 비추는 거울일 뿐이다."

– 제임스 앨런

존과 팻은 어떻게 원하던 그 집을 살 수 있었을까?

이 부분을 쓰는 동안 나는 아름다운 부부인 존과 팻에게서 전화 한 통을 받았다. 두 사람은 단연코 내가 가장 가까운 친구들이다. 존과 팻은 내게 전화를 걸어 다음 주 화요일에 새로운 집으로 이사를 갈 예정이라고 전했다. 나는 이 기쁜 소식을 들으며 기분이 아주 좋아졌다.

약 두 달 전에 나는 이 부부와 함께 이미지 창조하기의 개념과 기대하는 태도가 지닌 힘에 관해 거의 다섯 시간 동안 이야기를 나눴다. 대화하는 동안 나는 존에게 가장 원하는 게 무엇인지 물었다. 긴 침묵 끝에 그는 나를 쳐다보며 이렇게 답했다. "팻과 딸 토니, 그리고 제가 이번 크리스마스는 우리가 소유한 집에서 맞길 바랍니다. 그리고 우리 아들이 우리와 함께 크리스마스를 보냈으면 좋겠어요." 존의 아들은 친엄마와 살고 있었지만 둘은 아주 친밀한 관계를 유지하고 있었다.

나는 존에게 한번 시도해보고 꿈을 현실로 만들어보는 게 어떻겠느냐고 권유했고, 그는 그렇게 할 수 없다고 답했다. 그럴 만한 돈이 없기 때문이라는 것이다. 나는 존에게 믿는 자는 무엇이든 할 수 있으며, 믿기만 한다면 그가 꿈꾸는 것을 현실로 이룰 수 있음을 상기시켰다. 그는 그저 어떻게 해야 할지를 몰랐을 뿐이다. 그렇게 우리 셋은 존과 팻 부부가 원하는 집의 모습에 대해 한 시간 가까이 이야기를 나눴다. 결국 존과 팻은 마음속 스크린에 그들이 꿈꾸는 집을 아주 분명하게 이미지로 새겼다. 우리는 기대에 관해 대화했다. 그리고 나는 크리스마스에 새로운 집에서 살고 있을 거라 기대하면, 그 순간 수많은 좋은 일들이 일어나기 시작할 거라고 이들 부부에게 설명했다.

아니나 다를까 이 새로운 태도가 존과 팻의 의식으로 스며들었다. 그러자 가장 먼저 벌어진 일은 두 사람의 마음이 '어떻게' 부분으로 옮겨간 것이었다. 새로운 생각이 그를 내면으로 봇물 터지듯 흘러들어왔고, 질문들이 잇달아 샘솟았다.

이런 집은 얼마나 할까? 중도금은 얼마나 내야 할까? 원하는 집을 어디서 찾을 수 있을까? 이 질문들의 답을 찾기 위해 이들에게는 부동산 전문가가 필요했다. 나는 존에게 내 지인이자 부동산 전문가인 나탈리 코프먼에게 전화해서 그가 꿈꾸는 집에 대해 이야기해보라고 제안했다. 그는 자신의 꿈이나 이미지를 현실로 바꿔놓기 위해 재정적인 면에서 무엇이 필요한지 코프먼에게 물어보고 도움을 받았다. 마지막으로 나는 그에게 목표 달성을 위해 필요한 돈을 버는 데 모든 의식을 집중하라고 조언했다. 그 금액이 얼마든 주어진 기간 안에 벌어들일 것임을 실제로 기대해야 한다고 덧붙였다. 놀랍게도 이들 부부에게 필요한 돈은 과거에 생각했던 숫자보다 훨씬 더 적은 것으로 나타났다.

존과 팻은 둘 다 수수료를 받는 영업사원이었기 때문에 재정적 목표를 달성하는 길이 비교적 순탄했다. 다른 사람들만큼 장애물로 가득하지는 않았다는 뜻이다. 이 부부가 넘어야만 했을 수많은 허들을 코프먼의 도움 덕분에 비교적 수월하게 넘어섰고 성공을 거둘 수 있었다. 다음 주 화요일 존과 팻은 새집으로 이사할 예정이고, 그다음 토요일은 크리스마스다.

전화를 끊기 전 나는 새집으로 이사하는 것을 축하하면서 존에게 아들과 크리스마스를 함께 보내기로 했는지 물었다.

나지막하지만 주체할 수 없는 행복이 담긴 목소리로 그는 대답했다. "네, 그러기로 했어요. 우리가 원치 않는 것을 기대하는 것보다 원하는 것을 기대할 때 확실한 차이가 생겨나요. 그렇죠, 밥?" 나는 빙그레 웃으며 대답했다. "맞아요, 존. 분명히 그렇지요."

오늘날 많은 사람이 "보이는 대로 믿어라."라는 말을 바탕으로 평생을 살아간다. 이 사람들은 신체적 감각으로 파악할 수 있는 이미지에만 감정적으로 관여한다. 즉 시각적으로 보이고 느껴야만 믿는 것이다. 그러나 오랜 세월을 거쳐 진정한 비전을 갖춘 사람들은 '보는 대로 얻는다'라는 것이 가장 우선적인 원칙임을 알고 있다. 이 원칙의 구체적 의미는 무엇일까?

마음속의 이미지가 현실에 존재하는 구체적인 이미지보다 선행된다는 것이다. 우리 앞에 펼쳐진 세계, 멋진 물리적 세계는 우리의 삶을 더욱 편안하게 만들어줄 모든 편의와 함께 '이미지 창조자'들에 의해 세워졌다. 그렇다면 이미지 창조자란 어떤 사람들을 지칭하는 걸까? 다른 사람들이 뭐라고 헐뜯고 반대하든 신경 쓰지 않고 자신이 무엇을 할 수 있는지 알고 있는 사람들이다. 또한 모든 상황이 딱 맞아떨어져서 자신이 원하는 걸 얻게 되리라 기대하는 사람, 즉 비전을 가진 사람들을 의미한다.

예를 들어 오하이오주의 두 기계공은 하늘을 나는 비행기의 이미지를 창조하고 간직함으로써 우리에게 완전히 새로운 세상을 열어주었다. 그러나 성공하리라는 기대가 없었다면, 이들은 분명 처음 패배를 맛보았을 때 바로 포기했을 것이다. 라이트 형제가 포기하지 않았기 때문에 오늘날 우리는 세계 어느 곳이든 몇 시간 내로 갈 수 있다. 사실상 우리는 아주 단기간 안에 다른 행성에도 가게 될 것이다. 에디슨은 온 세상을 밝게 비추는 이미지를 창조하고 간직했다. 그 결과 우리는 더 이상 하루의 반을 어둠 속에서 더듬거리며 보낼 필요가 없어졌다.

번영을 성취하는 세 가지 단계

당신 역시 자신이 살아가고 싶은 바로 그 방식대로 마음속에 이미지를 창조함으로써 존과 팻처럼 당신 삶과 당신이 살아갈 세상을 바꿀 수 있다. 그러나 단순히 소망하는 것만으로는 부족하다. 진심으로 원하는 이미지를 떠올리고 기대해야만 그것을 얻게 된다.

인생의 모든 영역에서 번영을 성취할 수 있는 확실한 단계는 다음 세 가지다.

1. 마음속에 이미지를 창조하라.
2. 그 이미지를 영혼에 새겨라. 그런 후 내려놓고 하느님께 맡겨두어라.
3. 열과 성을 다해 기대하면 영혼이 당신의 믿음에 솔직하게 보답할 것이다.

생각은 사물이라는 진실을 나는 믿는다네.

생각은 몸도, 숨결도, 날개도 타고났으므로.

그리고 우리는 생각을 저 멀리 내보내지.

이 세상을 좋은 결과 또는 나쁜 결과로 채우려고.

우리의 비밀스러운 생각이

지구상 가장 먼 곳까지 빠르게 달려가서

스쳐간 자리에 자국을 남기듯

축복이나 비애를 남기지.

우리는 생각으로 우리의 미래를 빚어가고

좋은지 나쁜지 아직은 알 수 없다네.

그러나 우주는 그렇게 빚어지고

생각은 운명을 부르는 또 다른 이름이라네.

그러니 운명을 선택하고 기다려라.

사랑은 사랑을 부르고, 증오는 증오를 부르는 법이니.

– 헨리 반 다이크

제6장

진동의 법칙과
끌어당김의 법칙

두려워하든 추앙받든 간에,
마음속에 품은 모든 생각은 다가갈 수 있는 가장 편안하고
적절한 물리적 형태로 모습을 갖추기 시작한다.

– 앤드루 카네기

1976년 2월, 베른헤르 폰 브라운Wernher von Braun 박사는 한 인
터뷰에서 다음과 같이 말했다.

우주의 극적인 미스터리들을 몇 년에 걸쳐 탐구한 후에 나는
신의 존재를 굳게 믿게 됐다. 우주의 장엄함은 창조주가 존
재한다는 확신을 더욱 굳혀주었다. 나는 신의 뜻 없이 온 우
주가 존재하는 모습을 떠올릴 수 없다. 우주의 자연법칙은
몹시 정확해서 우리는 달까지 가는 우주선을 아무런 어려움
없이 만들 수 있고 1초 단위까지 정확하게 시간에 맞춰 날아
갈 수 있다. 이 법칙들은 누군가가 설정했음이 분명하다.

폰 브라운 박사는 과학과 종교는 서로 대립하지 않으며 상반되는 것을 추구하지 않는다는 말을 이어갔다. 그 둘은 오히려 '자매 학문'에 가깝다고 단언했다. 과학적 방법을 통해 창조에 관해 배울 수 있다면, 종교를 연구함으로써 창조주에 대해 더 위대한 통찰을 얻을 수 있다. 사람은 과학의 도구를 사용해 주변을 둘러싼 자연의 힘을 이용하려 한다. 반면 종교를 통해서는 내면에서 작용하는 자연의 힘을 통제하려 애쓴다.

박사는 잠깐 말을 중단했다가 덧붙였다. "인류 역사상 믿음 없이 위대한 성공을 거둔 적은 단 한 번도 없었습니다. 뭔가를 성취하려 노력하는 사람에게는 어느 정도 자신에 대한 믿음이 필요하죠. 자신이 끌어낼 수 있는 것보다 더 많은 정신력이 필요한 도전에 임할 때는 신을 믿어야 합니다."

사람이 달에 갈 수 있다는 사실이 받아들여지기 몇 년 전, 폰 브라운 박사는 이런 질문을 받았다. "달에 가기 위해 로켓을 만들려면 무엇이 필요할까요?" 그는 대답했다. "해내려는 의지죠."

폰 브라운 박사는 뛰어난 사람임에 틀림없고, 인생에 대한 위대한 식견과 우주의 법칙에 대한 뛰어난 인식을 가진 사람이다. 전문가들은 폰 브라운 박사를 우주 프로그램의 아버지라 부른다. 모든 위대한 인물들과 마찬가지로 박사는 인생의 영적인 법칙에 관해 심오한 통찰을 얻었다. 그 법칙 가운데 하나가 '끌어당김의 법칙'이다. 이 법칙에 대해 지금부터 낱낱이 살펴보려 한다.

이 특정한 법칙을 이해하는 것은 이 책 전체를 이해하기 위한 핵심이 된다. 끌어당김의 법칙은 개인적인 번영의 수준을 좌우하는 근본적인 원칙이기 때문이다. 그러나 이 개념을 정말로 확실히 파악하려면 잠시 또 다른 법칙을 먼저 살펴볼 필요가 있다. 바로 '진동의 법칙'이다.

"인류 역사상 믿음 없이 위대한 성공을 거둔 적은
단 한 번도 없었다."

— 베른헤르 폰 브라운 박사

진동의 법칙은 마음과 몸, 물리적인 세계와 비물리적인 세계의 차이를 설명해준다. 이 법칙은 만물이 진동하거나 움직인다고 가정한다. 그 무엇도 가만히 멈춰 있지 않다는 뜻이다. 모든 것은 끊임없이 움직이는 상태이며, 관성이나 유휴 상태 같은 것은 존재하지 않는다. 가장 가벼운 물질부터 가장 무겁거나 가장 비대한 물질에 이르기까지 만물은 지속적인 진동 상태에 있다.

우리는 가장 낮은 정도의 진동에서 가장 높은 정도의 진동으로 옮겨가면서 헤아릴 수 없을 정도로 다양한 수준과 정도의 간섭이 존재한다는 것을 발견한다. 전자부터 우주까지 만물은 진동운동을 한다(에너지는 온갖 다양한 정도의 진동에서 발현된다).

진동하는 속도를 '주파수'frequencies 라고 부르는데 주파수가 높아질수록 힘은 더 강력해진다. 생각은 가장 높은 단계의 진동이기 때문에 본질적으로 매우 강력한 힘이다. 따라서 우리 모두 이를 이해할 필요가 있다.

진동의 법칙은 목표에 따라 다양한 방법으로 설명할 수 있다. 이 장에서는 생각에만 국한해서 탐구해보고자 한다.

모든 것이 에너지며 만물은 진동한다

'진동하다'는 '앞뒤로 움직이다, 왔다 갔다 하다, 흔들리다, 떨리다, 휘두르다, 불안정하게 떨리다, 벌벌 떨게 만들다' 등을 의미한다.

진동의 의미를 좀 더 생생하게 개념화하기 위해 두 팔을 앞으로 쭉 뻗어보자. 그 후 절대 움직이지 말고 가만히 있어보자. 동작을 멈춘 상태에서 두 팔의 움직임을 전혀 인지하지 못하는 동안, 팔을 구성하는 전자는 초당 30만 킬로미터의 속도로 움직이고, 흔들리고, 떨리거나 진동하고 있음을 알아야 한다. 당신 눈에는 팔이 가만히 있는 것처럼 보이지만 실질적으로는 끊임없이 운동하고 있다. 그런 움직임은 맨눈으로는 감지할 수 없지만, 고성능 현미경으로 보면 아주 명확하게 확인된다.

이제 팔을 흔들기 시작하자. 이때 팔을 진동하게 만드는 것은 당신 자신이다. 두 팔은 이미 진동의 법칙에 따라 자발적으로 진동하고 있었고, 이는 만물이 끊임없이 움직인다는 것을 알려준다. 그러나 당신은 그 진동의 속도를 스스로 올려서 팔을 흔들었다. 이를테면 진동의 가속페달을 꾹 밟은 셈이다.

마음은 자기만의 자리를 가지고 있어서, 그 자리에서 지옥을
천국으로 만들 수도 있고 천국을 지옥으로 만들 수도 있다.

– 존 밀턴

일반적으로 사람들은 긍정적인 성격(낙천주의자)과 부정적인 성격(비관주의자)으로 구분되곤 한다. 긍정적으로 생각하는 사람들은 언제나 인생의 더 밝은 면을 보는 경향이 있다. 햇빛을 향해 고개를 들며 이들은 나쁜 상황 속에서도 좋은 면을 보려고 애쓴다. 이런 사람들은 습관적으로 긍정적인 생각을 떠올리는데, 이들은 진정 축복받은 사람이다. 이들은 긍정적인 진동 속에 머물기 때문에 다른 긍정적인 사람들을 곁으로 끌어당긴다.

반면 부정적인 성격을 가진 사람들은 습관적으로 인생의 어둡고, 칙칙하고, 우울한 면을 바라본다. 좋은 일조차도 그들에게는 뭔가 나쁜 일이 되어버린다. 이들은 나쁘고 부정적인 것을 찬찬히 음미한다. 나쁘고 부정적인 것을 생각하고, 예상하고, 기대한다. 그리고 언제나 자신들이 추구하던 대로 받는다. 이들은 계속 부정적인 진동 속에 머물기 때문에 비참하고 불쌍한 사람들을 곁으로 끌어당긴다.

다들 알겠지만 고통받는 사람은 같이 고통받을 사람을 찾는다. 이들의 마음 상태는 기분이 어떠냐는 질문에 "오늘은 기분이 꽤 괜찮아. 하지만 내일은 아마 기분이 안 좋을 거야."라고 대답하는 사람과 비슷하다.

부정적인 성격의 사람은 주변의 모든 사람을 우울하게 만든다. 이들이 마음속에 붙들고 있는 부정적인 생각은 얼굴에 구체적인 형태로 나타난다. 우리는 매일 그런 사람들이 길거리를 지나치는 모습을 볼 수 있다. 그들에게서는 그 어떤 즐거움이나 기쁨도 풍겨 나오지 않으며, 음울하고 찡그린 표정으로 적대감을 표출할 뿐이다. 자기만의 지옥을 만들어내면서 그 지옥에서 즐거이 뒹구는 듯 보인다.

'극과 상대성의 법칙'Law of Polarity and Relativity에 따르면 긍정적인 사람 한 명이 존재할 때 정반대인 부정적인 사람이 한 명 있다. 따라서 이 두 가지 성격유형 모두 필요하다. 그래야만 한 성격유형에서 다른 유형과 구별되는 특징을 찾아낼 수 있으며, 당신이 인생에서 성공을 거두도록 해줄 유형을 선택할 수 있다.

인간에게는 자유의지가 있다. 이 두 가지 성격유형 가운데 어떤 것을 받아들일지 직접 선택할 수 있다. 어떤 사람이 계속 부정적인 성격으로 살아가면서도 그게 싫다면, 이를 의식하고 적절한 노력을 기울여서 스스로 긍정적인 성격으로 바꿀 수 있다.

이 점을 명심하자. 진동의 법칙을 제대로 이해하고 활용하면 자신이 바라는 성격으로 바꿀 수 있다.

가장 효율적인 전자기기인 뇌와 몸

인간의 몸은 온 우주에서 가장 효율적인 전자기기 가운데 하나다. 그중에서도 인간의 뇌는 모든 창조물 가운데 아마 가장 효율적인 전자기기일 것이다. 둘 다 진정으로 경이로운 존재다.

뇌는 온갖 주파수가 한 단계에서 다른 단계로 변화하는 신체 기관이다. 예를 들어 뇌에서 감각은 근육 활동으로 변화한다. 소리와 열, 빛, 그리고 생각 역시 다른 주파수로 바뀐다. 그리고 각자 차례대로 몸에 영향을 미친다.

뇌에는 몸의 모든 장기와 모든 부위의 기능을 통제하고 조절하는 중추가 있다. 장기의 기능은 이 중추들의 적절한 자극에 의해 통제되는 것으로 보인다. 우리는 세미나에서 이 현상을 '신체의 진동 제어'Vibratory Control of the Body 라고 부르기로 했다. 결국 뇌는 진동기구와 같다. 그 기능을 이해하기 위해 우리는 진동의 법칙을 연구해야 한다.

1940년대 초반부터 우리는 EEGelectroencephalograph(뇌파계)와 ECGelectrocardiograph(심전계)를 자유롭게 사용해왔다. EEG는 뇌의 전기 활동을 읽는 장치이며, ECG는 심장이 수축할 때 발생하는 전기적 변화를 추적하는 장치다.

최종적으로 분석해보면 뇌는 진동기구다. 뇌의 기능을
이해하기 위해 우리는 진동의 법칙을 연구해야 한다.

이처럼 진동은 우리에게 그리 새롭지 않다. 실제로 우리는
모두 진동을 인식하고 있다. 그러나 진동과 인생의 결과가
연결되어 있다는 점은 거의 모든 사람이 인식하지 못한다.

불행하게도 나쁜 진동 혹은 혼란스러운 진동에 머물면서
억지로 좋은 성과를 내려고 부지런히 애쓰는 사람들을 흔히
볼 수 있다. 이 사람들은 부정적인 진동에 머무는 탓에 계속
온갖 부정적인 사람들과 상황에 폭격을 당하고 있으며, 진동
의 법칙에 의해 그런 사람들에게 끌린다. 그러다가 어느 순
간에 이르면 고군분투하는 것이 버거워지고 만다. 이들은 건
물 꼭대기에서 뛰어내리면서 동시에 기어오르려는 사람과도
같다. 그 결과가 얼마나 처참할지는 안 봐도 뻔하다.

결과를 어떻게 통제할 것인지 더욱 깊이 이해하기 위해 우
리가 출발했던 기본 전제로 돌아가 보자. 만물은 진동하고
있으며 그 무엇도 가만히 멈춰 있지 않다. 실제로 관성 같은
것은 존재하지 않는다. 오늘날 과학자들도 여기에 동의한다.
또한 새로운 과학적 발견들이 이것을 증명하며 신뢰를 높이

는 중이다.

　인간의 경이로운 마음에는 자유의지와 다른 여러 정신적 요인이 존재한다. 그 덕분에 우리에게는 인생에서 진동의 변화가 일어나도록 명령하는 공동창조 능력이 있다. 바람직한 결과를 이끌어낼 이 위대한 힘을 발휘할 수 있는 능력 말이다. 만일 이 능력이 없다면, 이는 우리가 진동의 법칙에 무지한 탓이다.

주파수가 맞는 두 물체는 공명한다

느리지만 확실하게 인생의 수준을 개선하려면 어떻게 해야 할까? 당신이 열망하는 바람직한 결과와 어떻게 연결될 수 있는지 이해해야 하고, 내면의 눈으로 바라봐야 한다.

　같은 전자기장electromagnetic을 지닌 두 물체는 같은 주파수에서 작동한다. 따라서 우리는 이 두 물체가 공명resonance 한다거나 조화를 이룬다거나 교감한다고 말할 수 있다. 두 물체가 같은 속도로 공명하거나 조화를 이루거나 교감할 때 진동 속도는 전자를 매개로 한쪽에서 다른 한쪽으로 전달된다 (공명은 물체를 둘러싼 전자기장과 관련되어 있다).

예를 들어 샹들리에 달린 구슬이 피아노의 특정 음과 공명하면서 진동하는 모습을 볼 수 있다. 반면 건반 위의 다른 음에는 진동하지 않는다. 여기서 말하는 두 물체는 완전히 다른 재료로 구성됐고, 완전히 다른 모양이다. 그러나 근본적인 자기장이 같기 때문에 서로 공명한다. 둘은 상대적인 운동의 똑같은 범위 안에 있으며, 이 사실은 두 물체의 크기나 모양, 또는 구성요소와는 상관없이 진실이다.

모든 전자파나 양자는 저마다의 특별한 속도와 주파수를 가지고 있으며, 이는 초당 만들어내는 방향 전환의 횟수와 같다. 진동에 의해 전자파의 스펙트럼이 결정되며 이 스펙트럼은 특정 영역들로 세분화된다. 물론 이 영역들은 실제로 나눠져 있는 것은 아니다. 우리의 감각에서 드러나는 다양한 주파수를 다루기 위해 임의로 나눈 것이다. 각 영역은 위아래에 있는 영역과 뒤섞이며, 실질적으로 여기에는 명확한 경계선이 존재하지 않는다.

우리는 우주의 모든 것과 연결되어 있다

진동의 법칙에 따라 우주 전체에 존재하는 모든 것은 다른 모든 것과 서로 연결되어 있다. 무지개는 하나의 색깔이 어디에서 시작해서 어디서 끝나는지 구분할 수 없는 일곱 가지 색깔로 이어져 있다. 이처럼 한 사물이 어디에서 시작해서 어디서 멈추는지 명확하게 구분할 수 없다. 우주 만물은 다른 모든 것과 연결되어 있기 때문이다. 마치 끓는 물이 변화해서 수증기가 되고, 수증기가 변해서 에테르나 공기가 되는 것처럼 말이다.

당신 역시 우주의 모든 것과 연결되어 있다. 육안으로 볼 수 있는지 없는지는 중요하지 않다. 이 사물과 저 사물을 구분 짓는 유일한 물리적 차이는 진동의 밀도 또는 진폭이다.

따라서 당신이 어떤 생각을 하면 뇌세포는 그 생각에 영향을 받는다. 뇌세포들은 진동하고 전자파를 내보낸다. 그 생각에 집중할 때 뇌세포의 진폭은 커지고 전파는 훨씬 더 강력해진다. 명심해야 할 것은 이 전파를 일으키는 주체가 다름 아닌 바로 당신이라는 사실이다. 당신의 자유의지로 전파의 밀도를 결정할 수도 있다. 당신이 이 전파를 만들어내기 때문에 당신의 존재 전체가 그 특정한 진동 속에 놓이게 된다는 것을 알아야만 한다.

우리는 앞서 두 물체가 완전히 다른 소재와 모양으로 되어 있지만 여전히 공명한다는 것을 살펴봤다. 두 물체는 서로 동일한 운동의 범위 안에 있으므로 근본적인 자기장은 똑같다(공명은 진동의 변화를 좌우하는 요소임을 기억하자).

마음속 스크린에 당신이 목표로 하는 이미지를 마치 현재 이룬 것처럼 띄워라. 그렇게 하면 당신이 꿈꿔오던 이미지를 현실에서 구현하는 데 필요한 모든 에너지 입자와 조화를 이루며(공명) 진동할 것이다. 그 이미지를 간직함으로써 에너지 입자는 당신을 향해 움직이고(끌어당김), 당신도 그 입자들을 향해 움직인다. 그것이 법칙이기 때문이다.

모든 것은 그저 에너지 또는 영혼의 발현일 뿐이다. 이 위대한 진실을 진정으로 이해하면 결국 모든 사람이 같다는 것을 깨닫게 된다. 사람들은 겉으로만 다를 뿐 근원적으로는 같다. 인간은 국경이나 피부색, 언어에 의해 구분되는 것이 아니라 무지한가 혹은 진리를 이해하고 있는가로 구분된다. 핵심은 바로 이것이다.

'진리를 알라. 진리가 너희를 자유케 하리라.'

에너지는 높은 곳에서 낮은 곳으로 흐른다

사람들은 자기를 기분 좋게 해주는 사람들을 좋아한다. 자연스러운 일이다. 따라서 당신이 다른 사람들을 기분 좋게 해 주거나 긍정적인 진동으로 이끌 때 그 사람들은 당신을 좋아 하게 된다.

한 사람의 몸과 마음, 그리고 영혼의 진동을 통제하는 것 은 뇌세포에서 공명하는 전파다. 이것을 매개로 우리는 상대 에게 긍정적인 진동을 전할 수 있다. 앞서 언급했듯 뇌를 포 함해 인간의 몸은 전자파를 고출력하는 전자기기다. 따라서 당신은 다른 사람들에게 에너지의 진동을 전파하는 방송국 과 마찬가지다. 당신과 다른 사람들 사이의 주파수가 완전히 맞춰지거나 그 사이에서 복합적인 인격이 완성되면 어떻게 될까? 다른 사람은 방송을 통해 당신이 내보내는 생각, 즉 진 동하는 생각을 받고 그것을 의식하게 된다.

이때도 에너지는 높은 곳에서 낮은 곳으로 흐르며 에너지 전달의 기본적인 법칙에 따른다. 낮은 수준의 에너지를 가진 상대방은 당신이 내보낸 에너지를 받아들인다. 전압이 약한 배터리처럼 상대방은 당신과 접촉한 결과 재충전되고, 더욱 에너지 넘치고 긍정적인 상태가 된다. 당신과 상대방 사이에 서 에너지를 전송하는 과정은 방송국과 라디오 사이에서 벌 어지는 과정과 완전히 같다. 본질적으로 동일한 법칙이 두 현상 모두에 적용된다는 의미다.

정신적 자석이 되어 긍정적 진동을 끌어당겨라

모든 물체는 진동을 발산한다. 당신이 보고, 듣고, 냄새 맡고, 맛보고, 만지는 모든 것은 진동을 발산한다. 다른 것들과 마찬가지로 모든 물체는 지속해서 움직이는 상태이기 때문이다. 이 진동의 영역 안에 들어갈 만큼 가까이 접근할 때마다 당신이 깨닫든 아니든 간에 그 진동의 영향을 받는다. 예를 들어 숲속을 거닐 때를 생각해보자. 당신이 얼마나 평화로움을 느끼는지(진동하는지) 알아차린 경험이 있는가?

당신이 보고, 듣고, 냄새 맡고, 맛보고, 만지는 모든 것은
진동을 발산한다. 다른 것들과 마찬가지로 모든 물체는
지속해서 움직이는 상태이기 때문이다.

이 법칙은 정신적인 영역에서도 정확히 똑같은 방식으로 작동한다. 어떤 사람이 생각할 때 그 사람의 뇌세포 무리는 의식적으로나 무의식적으로나 보통과 다르게 진동하기 시작한다. 일단 이 뇌세포들이 평소와 다르게 진동하기 시작하면서 전자 에너지의 파동을 발산하고, 이 전자 에너지의 파동

은 도달할 장소를 찾아 나선다.

당신이 이 진동의 영역(공간) 안에 있고 우연히도 이와 교감하는(조화를 이루거나 동의하는) 비슷한 세포를 가지고 있다면 어떻게 될까? 그러면 당신은 이 진동을 받아들이면서 긍정적이든 부정적이든 간에 정신적으로 영향을 받는다. 영업 담당자거나 경영자라면 이것이 무엇을 의미하는지 금세 이해할 것이다.

또 다른 누군가가 분노에 휩싸여 진동하고 있다고 가정해보자. 당신은 쉽게 분노하는 유형의 사람이며 어쩌다 이 분노의 진동이 존재하는 영역에 들어섰다. 그러면 이 진동은 당신 뇌의 '분노 세포'를 강타할 것이다. 그 사람의 뇌세포에서 일어나는 진동과 당신의 뇌세포에서 일어나는 진동이 공명하면서 당신이란 존재 전체가 진동하게 된다. 분노를 일으킨 원인을 알든 모르든 간에 당신은 짜증이 나거나 화가 난다. 만일 당신이 이러한 원리를 이해하지 못한다면 왜 이런 일이 벌어졌는지 알지 못한 채 헤맬 수 있다.

모든 정신적인 진동에는 이와 동일한 원칙이 적용된다. 사람이 생각하기 시작하자마자 뇌세포는 진동하기 시작한다. 에너지는 전자의 형태로 퍼져나가고 생각의 강도에 따라 이동한다. 누구든 그 에너지를 멈추는 사람은 그 에너지의 영향을 받는다. 그러나 생각을 멈출 수 있는 유일한 방법은 그 생각과 공명하는 것임을 명심하자.

이런 이유로 당신이 부정적인 생각의 전자기적 진동장과 마주치면 당신도 부정적인 생각을 하게 된다. 만일 당신이 부정적인 유형의 사람이라면 더욱 강하게 공명하면서 부정적인 사람으로 고착된다. 반대로 당신이 긍정적인 진동장과 마주쳐 공명하면 긍정적인 생각을 경험하게 된다.

우리가 숨 쉬는 공기는 긍정적인 진동과 부정적인 진동 모두로 채워져 있다. 이것들은 끊임없이 당신의 뇌 속으로 튀어 들어온다. 그 결과, 당신은 방향타 없는 배처럼 진동하는 모든 것들과 그 에너지에 시달릴 수 있다. 그러나 일단 진동의 법칙을 이해한다면, 부정적인 진동에 맞서 자신을 보호할 수 있는 위치에 설 수 있다. 진정한 의미에서 자신을 통제할 수 있고 직접 선택한 상황과 환경을 자신에게 끌어당길 수 있다는 뜻이다.

에너지 또는 영은 창조되거나 파괴되지 않는다. 원천적으로 에너지 또는 영이 존재하고 본래 상태 그대로 있다면, 당신이 원하는 모든 것은 이미 존재한다는 의미다. 관건은 당신이 열망하는 바람직한 결과와 조화로운 진동을 이룰 수 있는 생각을 선택하는 것뿐이다.

당신이 구하고자 하는 모든 것들이 결국에는 당신을 찾아온다. 원하는 모든 것이 이미 당신 안에 있기 때문이다. 아무것도 손에 넣으려 애쓸 필요가 없다. 그저 이미 소유하고 있는 것을 발견하고 깨닫기만 하면 된다. 단지 얼마나 더 깨달을 수 있는가의 문제일 뿐이다.

당신의 삶이 자연의 법칙과 성스러운 이치divine order를 깨닫고 그것들과 조화를 이룰 때 비로소 부정적인 생각은 사라진다. 원인이 제거됨으로써 당신이 원치 않는 것을 더는 끌어당기지 않기 때문이다.

현실세계에서 당신이 열망하는 결과를 얻기 위한 비밀은 언제나 끌어당김의 법칙에 달려 있다. 당신이 열망하는 것들과 조화롭게 진동하고 긍정적인 진동 안에 머무를 방법을 이해하도록 도와주고 싶다. 이것이 바로 이 책을 쓴 이유다. 이를 통해 당신은 번영의 이미지를 구체적으로 실현하기 위해 필요한 것이라면 무엇이든 끌어당길 수 있다.

떡갈나무는 작은 도토리의 씨앗에서 잉태된다

레이먼드 홀리웰Raymond Holliwell은 자신의 책《법칙과의 조화》

Working with the Law에서 이렇게 언급했다.

자연은 모든 과정에서 성공한다. 자연은 실패를 모른다. 성공 외에는 그 무엇도 계획하지 않으며 모든 형태와 방식으로 성과를 노린다. 가장 훌륭하고 충만한 의미의 성공을 하기 위해 우리는 자연을 본보기로 삼아 그 방식을 따라야 한다. 자연의 원리와 법칙에서 우리는 성공의 모든 비밀을 발견하게 되리라.

당신이 구하려는 모든 것들이

결국에는 당신을 찾아온다.

이 우주에서 육안으로 볼 수 있는 모든 것과 보이지 않는 모든 것은 영의 표현이다. 영은 정확한 법칙에 따라 작동한다는 사실을 명심하자. 자연과 마찬가지로 당신에게도 이 법칙들이 적용된다. 홀리웰의 말처럼 우리는 당연히 자연의 방법을 따라야 한다.

몇 년 동안 나는 세미나에 갈 때마다 도토리 한 톨을 들고 다니면서 끌어당김의 법칙을 인생에 어떻게 작용하는지 사람들이 더욱 잘 이해할 수 있도록 도토리를 활용했다. 머릿속에 도토리를 떠올린 후 당신이 바라보고 있는 그 대상에 대해 매우 진지하게 생각해보자.

도토리는 얼핏 보기에는 껍질이 단단한 물체처럼 보일지 모른다. 하지만 이제 당신은 명확히 알고 있다. 단단해 보이는 다른 모든 것들과 마찬가지로 도토리도 사실은 매우 빠른 속도로 진동하는 분자 덩어리임을 말이다. 도토리 속에는 이 분자들이 움직일 진동의 속도를 지시하는 핵 또는 양식화된 계획이 있다. 동일한 원칙이 모든 씨앗에 적용된다. 각 씨앗에는 핵 또는 양식화된 계획이 있어서 씨앗이 머물 진동을 지시하고 그 씨앗이 커지거나 자라서 탄생할 최종 완성작을 좌우한다.

우주의 모든 것이 '창조되거나 혹은 분해되거나'라는 기본적인 원칙의 지배를 받는다. 뭔가가 성장하고 있지 않다면 존재의 법칙에 따라 분명 죽어가고 있다는 결론이 나온다. 도토리를 계속해서 흙 속에 파묻지 않는다면 도토리는 천천히 그러나 확실히 분해될 것이다.

도토리를 땅에 묻자마자 도토리의 양식화된 계획 또는 진동 속도는 끌어당김의 힘을 발휘하고, 도토리는 자신과 조화를 이루며 진동하는 모든 것을 끌어당기기 시작한다. 무슨 일이 벌어지는지 정확히 눈으로 관찰할 수 있다면, 에너지 입자들이 끊임없이 흐르며 도토리를 향해 아주 질서정연하게 행진해오는 모습을 볼 수 있을 것이다. 이 에너지 입자들이 도토리를 구성하는 분자와 접촉한 순간 서로 합쳐지고 융합하며 하나가 된다. 그리고 도토리는 점점 부풀어 오르면서 더 커지고 더 자라나게 된다.

우주의 모든 것이 '창조되거나 혹은 분해되거나'라는
기본적인 원칙의 지배를 받는다.

이제 다음 내용을 찬찬히 생각해보자. 합판으로 된 탁자 위에 물 두 방울과 기름 두 방울을 떨어뜨리고 이리저리 움직여보자. 그러면 물방울 두 개가 서로 마주치면서 공명하고 더 커다란 한 개의 물방울이 된다. 반면 기름방울을 향해 물방울을 굴리면 이들은 서로를 밀쳐낸다. 물과 기름은 조화롭게 진동하지 않기 때문이다. 마찬가지로 도토리와 하나가 될 수 있는 유일한 존재는 조화로운 진동을 가진 에너지 입자들뿐이다. 맞지 않는 진동을 가진 에너지 입자들은 거부당한다.

도토리가 끌어당긴 분자들의 끝없는 흐름에 의해 도토리

는 성장하고 도토리의 꼭대기와 밑동에서 작은 싹을 틔우기 시작한다. 이 새싹들은 뿌리로 발달하거나 지구의 대기를 향해 뻗어 올라가 점점 커진다. 그렇게 자라서 봉우리를 피우고 끌어당김의 힘은 계속 발휘된다. 땅의 에너지 입자를 끌어당겼듯 대기의 에너지 입자도 끌어당긴다. 도토리는 계속 커지다가 어느 순간 더 이상 도토리가 아닌 떡갈나무가 되기 시작한다. 뿌리와 줄기, 나무껍질, 나뭇가지, 잔가지와 나뭇잎들은 모두 우주에 존재해 있었다. 이것들이 씨앗 안에 잠자고 있던 핵 또는 양식화된 계획을 통해 도토리에게 끌려온 것이다.

어떤 모습으로 자라날지 결정하는 건
바로 우리 자신이다

인간과 달리 도토리는 진동 속도를 바꿀 능력이 없다. 떡갈나무로 자라도록 프로그래밍되었으며, 그대로 떡갈나무로 자랄 뿐이다. 여러 측면에서 인간은 도토리와 매우 비슷하다. 우리 역시 '씨앗'과 다를 바 없다. 하지만 인간과 도토리 사이에는 결정적 차이점이 있다. 우리는 신과 공동창조자이기 때문에 자신만의 프로그래밍을 선택할 수 있다.

당신은 의식적 마음의 스크린에 띄우고 싶은 이미지를 잠재의식 깊숙한 곳에 심어두었다. 이 이미지는 우리가 어떤 모습으로 자라날지를 결정하는 양식화된 계획 또는 핵이다. 이 이미지는 당신이 어떤 진동 속에 머물 것인지를 지시하고, 당신이 무엇을 끌어당기고 또 무엇을 밀쳐낼 것인지를 통제한다.

바로 이것이 질서정연한 우주다. 그 무엇도 우연히 벌어지지 않는다. 당신이 경이로운 마음속에 심는 이미지는 끌어당김의 힘을 설정하고 이 힘이 인생의 결과를 좌우한다. 그러나 주의해야 할 것이 있다. 잠재의식 속에 심어둔 이미지가 이랬다저랬다 자꾸 바뀌면 혼란을 느끼게 되고, 당신은 원치 않았던 모습으로 자라나게 된다.

이 법칙을 인지하지 못한 사람들은 불행히도 마음속에 풍요로움의 이미지를 심었다가 바로 다음 순간 빈곤의 이미지를 심는다. 이들은 계속 진동을 바꾸면서, 좋은 것들과 나쁜 것들을 번갈아 끌어당긴다. 여기에 슬픈 진실이 있다. 사람들 대부분이 거의 평생을 이 두 극단을 계속 오가며 살아간다는 점이다. 그 결과 삶은 헤아릴 수 없을 만큼 엉망진창이 되고 혼란스러워진다.

실제로 당신이 원하는 모든 것은 이미 이곳에 있지만, 원하는 것과 조화를 이룰 수 있을지 말지는 당신에게 달렸다. 경이로운 마음의 저장고에 결핍과 한계의 이미지를 계속 담아두지 마라. 그러면 당신은 절대로 번영과 조화를 이룰 수 없을 터다. 우리는 언제나 뭔가에 자석처럼 끌린다. 따라서 당신의 인생에 원치 않았던 뭔가가 등장했다면 그것은 결코 다른 누군가의 잘못이 아니다. 그 물건을 주문한 것은 바로 당신이며, 그 물건은 예정된 시간에 맞춰 배달됐을 뿐이다.

제 7 장

위험을 무릅써야만
얻게 되는 것들

"실패한 사람과 성공한 사람 사이의
유일한 차이는 습관의 차이뿐이다.
좋은 습관은 성공에 이르는 열쇠이며,
나쁜 습관은 활짝 열린 실패의 문이다."

– 오그 만디노

자신이 현재 가지고 있는 재산과 지위에 의존하는 시대는 완
전히 지나갔다. 현재의 직업을 유지한다거나 지금 삶의 기
준을 지키려면 어찌해야 하는지 등의 골치 아픈 주제에 신
경 쓸 필요가 없다. 그 대신 잘못될 수 있는 일들에는 방어태
세를 취하고 잘 돼야만 하는 일들은 공격적으로 진행하는 게
중요하다.

오늘부로 당신은 역동적이고 활발한 모험가가 되었다. 당
신은 이제 약점과 의무에 집중하기보다 강점과 자질을 우선
시한다. 당신이 하고 싶은 일들을 어떻게 해낼지를 생각하며
아침에 눈을 뜬다. 과거에는 그 일을 할 수 없는 온갖 이유를

떠올렸을지도 모르지만, 오늘부터 당신은 미래에 성취해낼 성과들을 생각한다. 과거에 했던 그 어떤 행동보다 훨씬 뛰어난 성과들을 반복적으로 생각할 것이다. 당신이 어떤 위험을 기꺼이 감수한다면 이 성과들을 손에 넣을 수 있다.

내 말을 믿어보자. 일단 이 과정을 시작하면 머지않아 큰 성공을 거두기 시작할 것이다. 위험을 감수하며 일을 하다 보면 놀라운 힘이 발휘된다. 그 과정에서 자신이 갖고 있었는지조차 몰랐던 여러 자원과 능력이 있음을 깨닫고 그것을 활용하게 된다. 처음에는 몹시 두려울 수 있다. 하지만 아무런 위험도 감수하지 않고 인생에서 위대한 뭔가를 성취한 사람의 이야기를 들어본 적 있는가? 그런 일은 결코 없다는 걸 기억하자.

이쯤에서 한 가지 사례를 살펴보면 도움이 될 것이다. 모든 위대한 종교 지도자들이 영웅의 삶을 사는 과정에서 겪어야 했던 기념비적인 위험들을 떠올려보자. 뛰어난 사업가들이 걸출한 커리어를 쌓는 동안 겪어야 했던 막대한 위험들을 되돌아보자. 이 위대한 성공을 곰곰이 되새기다 보면 당신 역시 타고난 위대함을 개발하기 위해 위험을 무릅쓰는 모험가가 되어야 함을 깨닫게 된다. 그뿐 아니다. 인생에서 위험을 감수하려 들지 않는 사람은 그 어떤 진정한 만족도 얻을 수 없다. 지나치다 싶을 정도로 조심스레 살기로 한 사람의 인생은 따분할뿐더러 그저 그런 날들로만 채워진 채 이어진다.

위험을 감수하고 다이빙대에서 뛰어내리다

내가 말하는 내용을 완전히 이해하려면 다음의 비유를 살펴볼 필요가 있다. 어린 시절로 되돌아갔다고 생각하고 다음 장면을 떠올려보자. 이웃집 소년이 사다리를 타고 아주 높은 다이빙대에 올라 한치의 주저함도 없이 물속으로 뛰어내린다. 당신은 그 모습에 감탄을 금치 못한다. 물을 향해 '위험한' 첫 도약을 하는 소년을 바라보며 당신이 속으로 품었던 감정을 회상해보자. 거의 모든 사람이 그러하듯 당신 역시 처음에는 무서움에 자신감을 잃었으리라. 그러다 어느 순간 두려움을 떨쳐내고 물로 뛰어내릴 만큼의 용기를 끌어모을 수 있었을 것이다. 마침내 당신이 물로 뛰어들면서 이 세상에 '나도 할 수 있다!'라고 증명했을 때 얼마나 기분 좋았는지 떠올려보라.

처음에 아무런 위험도 감수하지 않고 인생에서 위대한
뭔가를 성취한 사람의 이야기를 들어본 적 있는가?
그런 일은 결코 없다는 걸 기억하자.

과거로 돌아가는 마음의 여행을 마쳤으니 이번에는 마음
을 현재로 끌고 와보자. 높은 다이빙대에서 용감하게 뛰어내
린 어린아이처럼 직장을 그만두고 독립적인 길을 개척하며
자신만의 일을 해내는 수많은 사람을 생각해보자. 그중에는
실패의 두려움에 휩싸여 한발 내밀 용기조차 내지 못하는 불
행한 사람들도 있다. 그 결과 이들은 인생이 주는 여러 기회
를 놓치고 만다.

그러나 더 슬픈 사실이 있다. 이들은 자신이 타고난 잠재
력의 크기를 가늠해볼 기회조차 누리지 못한다는 점이다. 이
들은 자신이 해내지 못할까 봐, 놓칠까 봐, 실패할까 봐 두려
워서 스태터스 쿠오status quo(라틴어에서 유래한 말로 현재의 상태
나 상황을 뜻한다)를 유지하려 한다. 즉 두려움 때문에 아무것
도 하지 않고 현재 상황에 머물기로 마음먹는다.

아이러니한 점은 모든 위험을 피하려고 부단히 애를 쓸 때
조차 가끔은 어쩔 수 없이 실패를 겪는다는 것이다. 실패를

좀 하면 어떤가? 위험을 피하려다 실패하는 것보다는 위험에 맞서다 실패하는 것이 낫지 않을까? 실패한다고 해서 우리가 실패한 사람이 되는 것은 아니다. 더 이상 노력하지 않겠다고 결심했을 때만 실패한 사람이 된다. 우리가 도전하는 과정에서 아무리 흔들린다 해도 그것은 절대로 실패가 아니다. 우리에겐 한 번 더 시도해볼 수 있는 능력과 힘이 있기 때문이다.

계속 일어난다면 결코 넘어진 게 아니다

유명 코미디언인 플립 윌슨Flip Wilson은 사람들의 웃음을 터뜨리는 재주가 탁월했다. 그런 그가 위험을 무릅쓰던 자신의 경험을 다소 진지하게 털어놓은 적이 있다. "저는 무너지고 다시 일어났어요. 무너지고 또 일어났지요. 16년 동안 저는 거의 무너졌다가 일어서는 것밖에 안 했다고 할 수 있어요."

플립 윌슨이 자신을 실패한 사람이라고 생각했을까? 절대 그렇지 않았다. 스스로 실패자라 생각했다면 결코 한 번 더 시도해볼 용기를 내지 못했을 것이다. 그리고 우리는 플립 윌슨이라는 코미디언의 이름을 절대 알지 못했을 것이다.

이쯤에서 반드시 이해하고 넘어갈 점이 있다. 스스로 커다란 목표를 진지하게 세우는 순간 위험을 무릅써야 하는 과정에 들어서게 된다는 점이다. 여기에 그동안 겪은 것과는 완전히 다른 정서를 경험한다는 흥분이 더해진다. 동시에 더욱 위험을 무릅쓰는 행동에 돌입한다. 반면 사람들 대부분은 무슨 수를 쓰더라도 그 위험을 피하려고 애쓴다. 많은 사람이 의미 있는 위험을 겪는 대신 공허한 타협을 하며 스스로를 보호하려고만 한다. 이러한 타협은 진정 원하는 삶에서 멀어진 채 살던 대로 사는 초라한 모습으로 이들을 끌어내린다.

이 현상이 어떻게 작동되는지 이해하기 위해서는 새집을 살 때 타협했던 사람들을 떠올려보는 게 좋다. 이 사람들은 왜 타협했을까? 진심으로 살고 싶던 꿈의 집이지만 대출금을 갚지 못할까 봐 두려웠기 때문이다.

> 큰 목표를 세울 때 두 가지 모순적인 감정을 마주하게 된다.
>
> 1. 완전히 새로운 정서를 경험하게 된다는 흥분의 감정
> 2. 불편함을 느끼면서 결국 위험을 회피하려는 감정
>
> 불편함이 사라지고 큰 목표가 '아무렇지 않게' 느껴질 때까지 기꺼이 그 감정을 참아내자.

직장에서의 일이 지루할뿐더러 제대로 보상받지 못한다고 느끼면서도 그 자리에서 그대로 버티는 수많은 사람에게 눈을 돌려보자. 이 사람들은 왜 그 자리에 머무는 걸까? 정말로 가고 싶은 자리에 갔을 때 제대로 일을 해내지 못할까 봐 두렵기 때문이다.

만일 이 사람들이 위험을 감수하고 한발 앞으로 나선다면 어떻게 될까? 더 좋은 직업을 구한다거나, 꿈에 그리던 집을 산다거나, 진정으로 열망하는 것을 추구한다면 말이다. 바로 여기에 아이러니한 점이 있다. 용기를 내서 위험을 감수한다면 그에 걸맞은 더 뛰어난 성과를 스스로 추구하게 된다는 점 말이다. 결국 이들은 스스로 감수했던 위험이 인생의 모든 측면에서 커다란 보상이 되어 돌아온다는 걸 곧 깨닫게 될 것이다.

젊은 백만장자들의 비밀,
그들에겐 애초에 실패가 없었다

몇 년 전 나는 위험을 무릅쓴 이들의 이야기를 담은 한 권의 책을 읽었다. 《젊은 백만장자들》The Young Millionaires이라는 제목의 이 책은 100만 달러 이상을 벌어들인 사람 열여덟 명의 실제 삶을 다루고 있다. 그 가운데 일부는 커리어적으로 상당한 성공을 거두는 과정에서 수백만 달러를 벌어들이기도 했다.

저자는 책 전반에서 경제적 성공을 거두기 위한 법칙에 관해 여러 흥미로운 내용을 전했다. 그러고는 가장 중요한 법칙을 반복적으로 언급했다. 이 사람들은 다양한 배경을 지녔고 각기 다른 방식으로 돈을 벌었지만 한 가지 공통점이 있었다. 사실상 용기 있는 사업적 결단 덕분에 많은 것을 소유하게 됐지만, 그들 중 누구도 자신이 위험을 무릅썼다고 생각하지 않았다. 저자는 이 백만장자들이 실패를 두려워하지 않았고 실패란 없다는 듯이 살아왔다며 그 이유를 계속 반복해 설명했다. 그러나 대부분의 사람이 생각하기에, 이 백만장자들이 실제로는 어마어마한 위험을, 그것도 거의 매일 감수했다는 것에 의문의 여지는 없었으리라.

안전 비행을 거부할수록 안전한 전투기 조종사

비슷한 맥락에서 몇 년 전 제2차 세계대전에 참전했던 전투기 조종사들의 삶을 조사한 연구는 이렇게 결론을 내렸다.

일반적인 생각과 달리 전쟁 중에 몸을 사리며 안전 비행을 하던 조종사 중 다수는 전투에서 가장 먼저 전사했다. 반면 끝까지 살아남은 용사들은 실제로 예외 없이 안전 비행을 거부했을 뿐 아니라 전쟁 내내 위험을 무릅쓴 조종사들이었음이 드러났다.

각계각층의 사람들이 보여주는 성과를 지켜보다 보면 이 사실이 더욱 분명해진다. 누구든 간에 몸을 사리는 사람이 상대적으로 이른 나이에 세상을 떠난다. 이들은 임상적으로는 수년 동안 살아 있었다. 즉 심장박동은 뛰고 있었지만 사실 이들은 진짜로 살아 있던 적이 없었다.

지금쯤 이런 생각이 들 수 있다. "이 모든 게 대단히 그럴 듯하게 들리긴 하지만, 왜 그래야만 하지? 우리가 의미 있는 위험을 감수할 능력이나 의지가 없다는 이유로, 우리가 그저 그런 인생을 살았다는 오명을 감수해야 하는 건가?"

각자 살아온 삶을 되돌아보면서 위험을 무릅쓰지 않으려 했던 순간을 떠올려보자. 그러면 당시 주저했던 원인이 어디에 있었는지 곧 깨달을 수 있다. 우리는 이미 이 깨달음의 지점에 도달했기 때문에 문제의 원인을 파악하고, 이것을 궁극적으로 무력화시키며 발전할 수 있다. 이제부터 제시할 정보에 엄중히 주의를 기울여주기 바란다.

인간은 태생적으로 위험을 무릅쓰도록 타고났다

당신이 어린아이였던 시절, 심지어 아기였던 때까지 거슬러 올라가 보자. 당신의 부모님은 자식이 성공하는 모습을 볼 수 있기를 간절히 바랐다. 어쩌면 자신들의 바람이 너무 큰 탓에, 당신이 그 기대에 못 미칠 수도 있음을 예상하고 걱정했을 수도 있다. 부모님이 당신을 매우 사랑하는 만큼 이는 지극히 자연스러운 일이다.

그러나 불행히도 부모님의 걱정은 커진다. 그리고 인간이 살면서 겪을 수도 있는 모든 잠재적인 해악에서 당신을 보호하려고 애쓰게 된다. 당신이 첫걸음마를 떼기 시작할 때 부모님은 바로 곁에서 기다리고 있었을 터다. 아기인 당신이 비틀거리는 모습을 보이자마자 부모님은 당신이 넘어져서 다치지 않도록 재빨리 붙들었을 것이다.

당신이 처음으로 옆집 개구쟁이와 주먹질하며 싸웠을 때는 어땠는가? 부모님은 곁에서 당신의 상처받은 마음을 어루만져주었다. 아마도 "애야, 네가 옳아. 저 애는 깡패란다."라고 말하며 당신을 위로하려 애썼을지도 모른다. "애야, 앞으로는 아주 조심해야 해. 저런 애들하고는 놀지 말아라." 같은 말을 했을 수도 있다. 이런 식의 양육이 지속되었다면 당신이 처음 자전거 타는 법을 배울 때도 이런 경고가 반복됐으리라. "조심해라." "넘어지면 안 된다." "앞을 잘 봐야지."

당신은 인생에서 한 걸음 한 걸음 나아갈 때마다 이런 경험들이 쌓이면서 부모의 양육 방식과 그들이 주는 메시지에 익숙해졌을 터다. 감수성 예민한 어린 마음의 스크린 위에 요란한 경고등이 번쩍이면서 천천히 그러나 확실히 프로그래밍됐을 것이다.

그 누구도 위험을 무릅쓰는 것에 대한 두려움을 안고 태어난 사람은 없다. 우리는 이 근사한 세상에 들어서고 나서야 두려움을 배운다. 많은 사람이 오해하는 것과 달리 멋대로 내버려둔 인간, 즉 길들여지지 않은 인간은 위험을 무릅쓰도록 타고났다. 태생적으로 자신의 인생에서 위대함을 성취할 수 있는 길을 따라가도록 프로그래밍된 것이다.

이 신나는 모험의 길을 떠난다고 해서, 즉 위험을 무릅쓰는 사람이 된다고 해서 무책임해진다는 의미는 아니다. 위험을 무릅쓰는 것과 무책임한 것은 완전히 다르다. 위험을 무릅쓰는 사람이 된다는 것은 용기 있게 행동한다는 의미다. 이 두 개념을 가르는 선이 극도로 희미해지는 순간들을 경험할 수도 있다. 그러나 무심코든 아니든 간에 절대로 그 선을 넘는 일은 없어야 한다는 것이 핵심이다.

위험을 무릅쓰는 사람이 된다는 것은 용기 있게 행동한다는 의미이며, 이는 무책임하게 행동하는 것과는 완전히 다르다.

또한 위험을 무릅쓴다는 것은 언제나 상대적인 개념임을 명심하자. 다시 말해 한 사람에게 위험하게 보이는 행동이 반드시 다른 사람에게도 위험하게 보이지는 않는다는 뜻이다. 어떤 행동이 제3자에게는 무책임하게 보일 수도 있고 그렇게 단정 지으려 할 수도 있다. 따라서 이 다양한 개념들을 정확히 분별하는 판단력과 안목이 있어야 한다. 그러려면 성공을 위한 자기계발 과정의 기본 원리들 가운데 하나를 숙지해야 한다. 그 원리는 다음과 같다.

'열망하는 바람직한 결과를 이미 소유한 자신의 모습을 내면의 눈으로 볼 수 있어야 한다.'

위험을 감수하는 것과 무책임한 것은 다르다

무책임한 사람은 중요한 일을 해낼 줄 모른다. 자신에게 진짜로 해를 입히는 경우도 잦다. 가끔은 성공적인 활동을 할 때도 있지만 극히 드물며 부정적인 결과들에 가려져서 그런 성과는 거의 언급되지 않는다.

단지 친구들의 부추김 때문에 높은 절벽에서 얕은 물로 다이빙하는 사람을 생각해보자. 그는 물에 뛰어드는 게 두려웠지만, 자기가 물로 뛰어들지 않았을 때 다른 사람들이 어떻게 생각할지가 훨씬 더 두려웠다. 그는 다이버 훈련을 전혀 받은 적이 없기 때문에 두려운 것이 당연하다. 그는 분명 물에 뛰어들어 심각하게 부상을 입은 자신의 모습을 떠올렸을 터다. 이런 식으로 상황에 이끌리거나 다른 사람의 시선에 얽매여 위험한 곳에서 다이빙하는 사람은 몹시 어리석다. 그의 행동은 누가 봐도 무책임하다.

반면 같은 사람이지만 전문 다이버가 되기 위해 훈련을 받은 프로 다이버라면 어떤가? 게다가 다양한 환경을 고려해 능숙하게 다이빙을 할 줄 안다면 상황은 완전히 달라진다. 다시 말해 해변으로 헤엄쳐 나와 무사히 땅에 오르는 등 필요한 모든 행동을 성공적으로 수행하는 자신의 모습을 시각화할 수 있다면 그는 여전히 위험을 무릅써야 하지만, 그 누구도 그에 대해 무책임하게 행동한다고 비난할 수 없다.

영화산업에서 활동하는 스턴트맨들을 생각해보자. 이들은 끊임없이 위험한 연기를 하고, 바로 그 이유 때문에 돈을 받는다. 그러나 명심하자. 스턴트 연기를 하는 사람들은 절대 아마추어가 아니다. 이들은 고도의 훈련을 받은 유능한 전문가들이며, 위험한 작업을 수행하기 위해 굉장히 숙련된 사람들이다. 아주 간단한 연기를 하기 전에도 철저하게 동선을 계산하고 합을 맞춘다. 그렇기에 스턴트맨들은 거의 부상을 입지 않는다. 의문의 여지가 없는 이야기다. 스턴트맨들은 분명 위험을 무릅쓰는 사람들이지만, 그들은 절대 무책임하게 행동하지 않는다. 다시 말하지만 위험을 무릅쓰는 것과 무책임한 것은 완전히 다르다.

현명한 투자 vs. 무책임한 투자

이제 다른 경우를 떠올려보자. 어떤 사람이 어렵게 벌어들인 돈을 자신이 아는 게 전혀 없는 사업에 투자하려고 한다. 아마도 꽤 신망 있는 관계자가 이 사업에 투자하는 게 최고이며, 어마어마한 투자 수익이 생길 거라고 제안했으리라. 이 사람은 사업에 투자하는 게 죽을 만큼 불안하면서도 투자한 돈으로 엄청나게 큰 수익을 올릴 것이라는 탐욕에서 강력한 동기를 얻었다. 마침내 돈을 잃을지도 모른다는 엄청난 두려움에도 불구하고 이 사람은 투자하기로 결심한다.

그다음에는 어떤 일이 벌어졌을까? 투자를 한 뒤 이 사람은 깨어 있는 시간 대부분을 투자에 관해 걱정하고, 사업이 망해서 비참한 모습으로 망가진 자신의 모습을 시각화하며 보냈다.

이 사람이 한 선택과 행동에는 경제적 책임감이 전혀 없다. 이런 선택과 행동을 하는 사람은 위험을 무릅쓰는 사람이 아니라 경솔하고 어리석고 무책임한 사람이다. 이런 상황에서 보통은 그 결과가 예측 가능하다. 당연히 그 결과는 그리 즐거운 것이 아니다. 이 사람은 돈을 잃을 뿐만 아니라, 그 투자를 제안한 사람과의 신뢰와 우정도 잃는다. 두말할 필요도 없는 사실이다. 이런 식으로 어리석고 무책임한 선택을 하는 사람들은 자신이 저지른 실수를 언제나 남의 탓으로 돌리기 때문이다.

반면 이 사람이 친구나 친척의 제안에 신중하게 귀를 기울이고 혼자서 상황을 연구해보았다면 어땠을까? 떠도는 소문에 의존하지 않고 정보와 지식을 바탕으로 그 사업의 비전을 더욱 면밀히 따져봤다면 말이다. 그랬다면 단순한 탐욕이 아닌 진정한 호기심에서 동기를 부여받았을 것이다. 이런 경우라면 자신의 경제 상황이 위험에 처하지 않을 정도의 적당한 금액을 투자했을 터다. 투자 경험을 통해 그 사업 분야의 실상을 이해하면서 투자 노하우를 쌓아갈 테고, 그 투자가 자신에게 큰 이익을 안겨준다고 생각되면 투자액을 점차 늘려나갈 수도 있다.

이 사람이 두 번째 길을 따랐다면, 그 누구도 그가 위험을 무릅쓰면서 어리석고 무책임하게 행동한다고 말하지 않을 것이다. 왜일까?

투자 결과 그의 판단이 잘못되었고, 그래서 돈을 잃었다 해도 그저 돈만 잃을 뿐이다. 그는 여전히 우정을 유지할 것이며 자존심도 지킬 수 있다. 그저 자신이 판단을 잘못했다는 가벼운 자책감 외에는 잃을 것이 별로 없기 때문이다. 두 번째 길을 따른 사람은 미래에 생겨날 수 있는 더 좋은 투자의 가능성을 절대로 거부하지 않는다.

내가 말하려는 메시지를 분명하고 확실하게 이해해주길 바란다. 위험을 무릅쓰는 사람들은 상황을 신중하게 연구하고 판단한 총명한 사람들이다. 그들은 자기 능력을 믿으며 아주 건강한 자아상을 지녔다. 더욱 간결하게 표현하자면, 위험을 무릅쓰는 사람들은 무책임한 사람들과는 달리 매우 현명한 사람이라고 할 수 있다.

진짜 모험가는 회복력도 남다르다

매년 수많은 사업이 실패한다. 그런데 이 각각의 개별적 상황을 긴밀히 연구하지 않으면, '홀로 사업에 뛰어드는 것은 무책임한 행위'라는 잘못된 결론을 내리게 된다. 그러나 이는 사실이 아니다.

혼자 사업을 했기 때문에 파산했다는 건 완전히 잘못된 결론이다. 실제로 파산에 이르는 수많은 사람 대부분이 홀로 사업에 뛰어들지 않았다. 그들의 사업이 실패한 이유는 사업을 시작할 만큼 제대로 준비되지 않았거나, 자기가 하는 일에 대해 잘 몰랐기 때문이다. 이들에게는 기술과 지식, 또는 사업을 일궈나가기 위한 적절한 지원이 부족했다.

대부분의 신생기업이 제대로 자리 잡기 위해서는 적어도 3년이 걸린다. 그런데도 이런 사람들은 자기가 운영하는 회사에 기회를 주기 위해 석 달, 아니 3주의 시간조차 허용하지 않는다. 이들은 사업을 하기 전에도 함께 일한 상사가 무능하다거나, 자기 회사 사장이 일을 제대로 하지 않는다고 생각했을 게 뻔하다. 즉 함께 일하는 사람들에게서 배울 점을 찾지 않고 탓하려고만 했다. 그러니 그들에게서 사업에 도움이 되는 그 어떤 것도 배우지 못했을 터다. 이런 유형의 사람들이 모두 새로운 사업을 시작했다가 실패하는 것은 아니지만, 확률상 대다수는 실패한다.

위험을 무릅쓰는 사람들은 상황을 신중하게 연구한
총명한 사람들이며, 자기 능력에 자신이 있고,
아주 건강한 자아상을 지녔다.

이 비관적인 통계에도 불구하고 위험을 무릅쓴 많은 사람이 자신만의 사업을 일구고 성장시키는 데 성공해왔다. 앞서 소개한 내 친구 밥 맥크레리의 이야기를 떠올려보자. 맥크레리는 몇 년 동안 전자업계에서 일해왔고 한 번도 큰돈을 벌어본 적이 없지만, 보통 사람들보다는 많은 돈을 벌었다. 그는 자기 소유의 집에서 예쁜 세 딸을 키웠고, 다른 사람 아래서 일하는 동안 이 모든 것을 이루었다. 누가 봐도 성공한 사람이었지만 맥크레리는 직접 자기만의 사업을 해보고 싶다는 열망을 품고 있었다. 다만 두려움 때문에 그렇게 하지 못했던 것으로 보인다.

솔직히 말해서 지금껏 맥크레리가 해온 모든 일을 살펴보건대 그는 성공할 수밖에 없는 사람이다. 다만 불행히도 그는 이제껏 혼자만의 사업을 해본 적 없었기에 이 사실을 인지하지 못하고 있었다. 게다가 맥크레리는 '사람은 안정적이고 좋은 직장에 뼈를 묻어야 한다'는 고리타분한 생각을 믿으며 자라왔다.

그럼에도 자기만의 사업을 하고 싶다는 밥 맥크레리와 아내 팻 맥크레리의 바람은 계속됐다. 결국 그들은 자기 사업이 성공적으로 운영되는 모습을 시각화할 수 있는 지점까지 왔다. 마음속에 깊은 열망과 함께 품은 이미지는 결국 현실로 이뤄지는 법이다. 맥크레리 부부의 이미지는 '펜사콜라 일렉트로닉스'Pensacola Electronics 라는 자기 회사를 세우는 결과를 낳았다.

이 행복한 사건은 몇 년 전에 벌어졌다. 맥크레리 부부는 둘 다 오랜 시간 힘겹게 일해왔고 아직도 열심히 일하고 있다. 하지만 이들은 함께 창출해낸 성과를 보며 만족스러워한다. 그들은 수많은 직원을 고용하고 여러 주에 있는 수백 명의 고객에게 서비스를 제공한다. 그들은 상당한 돈을 벌어들이고 있으며, 오늘날 이 회사를 매각한다면 그 순수가치는 밥 맥크레리가 다른 사람 밑에서 일하면서 벌었던 모든 돈보다 많을 것이다.

밥과 팻 맥크레리는 올바른 결정을 내린 걸까? 그냥 한번 물어보자. 다시 태어나도 그들은 똑같은 결정을 내릴까? 우리는 이 질문의 답이 무엇인지 이미 알고 있다. 이 부부는 위험을 무릅쓰는 사람들인가? 그렇다. 여기에는 이론의 여지가 없다.

밥과 팻 맥크레리는 단 한 번도 해보지 않은 일을 하기 위해 안정적인 직장을 그만두고 수천 달러를 투자했다. 사업이 성공하리라는 보장은 없었다. 하지만 이들은 무책임한 사람들이 아니었으며 경솔하게 행동한 것도 아니었다. 사업을 시작할 때 이들은 두려웠을까? 대놓고 물어본 적은 없지만, 20년 동안 인간 본성을 연구해온 나로서는 이 부부가 무척이나 두려웠을 거라고 단언할 수 있다.

맥크레리 부부는 떨리는 가슴을 부여잡고 공포에 맞서 행동할 수 있는 용기를 가졌다. 그들이라고 왜 두렵지 않았을까. 그러나 그들은 신중하게 상황을 분석하고, 그에 따라 적절히 대비하고, 마음속 성공의 이미지를 붙잡은 채 공포에 맞서 계속 나아갔다.

이런 사람이 진짜 모험가이자 위험을 무릅쓰는 사람이다. 게다가 이미 알고 있겠지만, 위험을 무릅쓰는 사람은 거의 실패하지 않으며 실패했다 하더라도 보통은 바로 회복하고 다시 도전한다. 위험을 무릅쓰는 사람은 흥미진진하고 창조적인 삶을 살아간다. 우리 모두가 원하는 방식의 삶을 살고 있기 때문이다.

그러니 얼굴에 미소를 지어라. 이 순간 당신 역시 위험을 무릅쓰는 진정한 모험가다. 그렇게 되려면 어떻게 해야 하냐고? 어렵지 않다. 그저 당신이 꿈꿔왔던 일을 몇 달에 걸쳐, 심지어 몇 년에 걸쳐 조금씩 해내면 된다.

꿈을 꾸지 않는다면 어떻게 이룰 수 있겠는가?

뮤지컬 〈남태평양〉South Pacific의 넘버 중 한 곡의 가사는 다음과 같다. "꿈을 가져야만 해요/꿈을 꾸지 않는다면/어떻게 꿈을 현실로 이룰 수 있겠어요?" 우리 모두 저마다의 꿈을 가졌다. 우리의 잠재의식 속에는 비전과 꿈, 위대한 성취에 대한 자기만의 그림이 떠다니곤 한다. 그리고 가끔 그러한 이미지가 실제 현실에서 이뤄지는 호사를 누린다. 당신 역시 잠재의식이 쥐고 있는 그림이 있을 것이다. 그 그림이 당신이 절실하게 원하고 되고 싶은 당신의 모습, 당신의 꿈이라는 것을 알면 그 꿈을 실행하고 싶을 것이다.

하지만 이것이 정말 이뤄지려면 당신에게 상당한 용기가

필요하다. 당신의 생각이 얼마나 기이한지는 중요한 문제가
아니다. 당신이 하고 싶은 것, 가지고 싶은 것, 되고 싶은 것
이 무엇이든 간에 글로 묘사하라. 글로 묘사하고 표현하는
순간 힘을 얻고 현실에서 이뤄지기 시작할 테니까.

"꿈을 가져야만 해요. 꿈을 꾸지 않는다면
어떻게 꿈을 현실로 이룰 수 있겠어요?"

— 뮤지컬 〈남태평양〉 중에서

　당신의 야망을 가급적 상세히, 현재형으로 적어보자. 당신
이 하려고 계획한 일처럼 쓰면 안 된다. 마치 지금 당장 하고
있는 일처럼 써야 한다. 커다랗고 굵은 글씨로 "나는 할 수
있다."라고 쓰자. 그 후 이 문장을 큰소리로 외치고 말하고
노래하자. 그렇게 함으로써 당신이 이제 이 일을 할 것이라
는 사실을 잠재의식에 심어주게 된다. 그 후 생각을 나눌 수
있도록 당신을 굳게 믿는 친구를 한 명 고르자. 당신을 깎아
내리고 당신의 생각을 비웃는 사람이 아니라 당신의 생각과
조화를 이루는 그런 생각을 하는 친구여야 한다. 당신을 격
려해주고 자신감을 갖도록 도와줄 사람을 고르자.

당신의 목표가 새로운 사업을 시작하는 것이든, 새로운 집을 구입하거나 짓는 것이든, 새 차를 사는 것이든, 직장에서 더 높은 지위에 오르는 것이든, 매출을 올리는 것이든, 학교에서 우등상을 받는 것이든 상관없다. 꿈이 무엇이든 간에 당신은 한 발짝 나아가 과감하게 추진해야만 한다. 당신 내면에 엄청난 잠재력의 원천이 자리하고 있음을 끊임없이 떠올려라. 그래야만 하고자 마음먹은 일을 할 수 있다.

그 일을 할 수 있을지 없을지에 대해선 고민할 필요 없다. 당신이 진정으로 해야 할 일은 어떻게 해낼 수 있는지 그 방법을 알아내는 것이다. 위험을 무릅쓰는 사람으로서 스스로를 시각화하기 시작하자. 그리고 당신이 바로 그런 사람임을 믿고 그 이야기를 스스로에게 들려주어야 한다. 이 간단한 정신운동을 실천하는 것만으로도 당신은 좋은 진동을 느끼게 된다. 이것을 오롯이 인식하고 기억하라.

모험을 계속 진행해나가기에 앞서 종이 한 장과 펜 하나를 준비하자. 그 후 편지지 크기의 종이 한 장에 가운데를 가로지르는 직선을 그려서 대차대조표를 만들자.

왼편에는 마이너스(-) 부호를 쓰고, 오른편에는 플러스(+) 부호를 쓴다. 마이너스 부호 밑에는 당신의 생각을 그대로 좇는다면 벌어질 수 있는 최악의 일들을 쓰자. 오른편에는 당신이 계획대로 추진해나간다면 벌어질 수 있는 좋은 일, 즉 최고의 일을 쓰자. 당신이 계획한 일이 정직하고 명예로운 일이라면, 종이 왼편에 무슨 내용을 쓰든 결코 비참하거나 불운하지 않다. 반면 종이 오른편에 쓰인 것은 위대하고 훌륭한 일로 그 모습을 드러낼 것이다.

이런 식으로 대차대조표를 만들다 보면 당신은 잃을 게 아무것도 없다는 사실을 스스로에게 입증하게 된다. 단순히 길에서 벗어난다고 해서 실패자가 되는 것은 아님을 나는 이 책에서 여러 차례 강조해왔다. 단지 당신이 예상했던 대로 계획이 실행되지 않았다는 의미일 뿐이다. 자신이 가진 모든 것을 잃는다 해도 당신은 다시 벌떡 일어나 한 번 더 시도해볼 수 있다.

내게는 인생을 살면서 의미 있는 성과를 이룬 사람들의 자서전과 전기를 읽는 습관이 생겼다. 이 사람들에게도 목표에 도달하지 못하고 원하던 것을 이루지 못하는 일이 수없이 많이 벌어진다. 하지만 단 한 명의 예외도 없이 절대로 그만두지 않는다는 사실을 발견했다.

나 자신도 목표를 이루고 성공하기까지 여러 차례 실패를 겪었다. 실패의 경험은 쓰라리며 어느 정도는 수치심도 유발한다는 점을 인정한다. 그렇다 해도 실패는 내가 다시 시도

하고 도전하는 걸 방해할 수 없다. 마찬가지로 용기를 내서 다시 나아가려는 당신을 막지 못한다. 우리 모두 실패한 자리에서 툭툭 털고 일어나 다시 한번 시작할 수 있는 능력을 갖고 있기 때문이다.

바로 이 순간, 위험을 무릅쓰는 모험가가 되겠다고 결심해보자. 당신이 진심으로 바랐던 그런 삶을 살기 위해 앞으로 나아가겠다고 결심해보자.

큰 목표를 달성하기 위한 8단계

1. 당신의 야망을 가급적 상세히, 현재형으로 적어보자.

2. "나는 할 수 있다."라는 문장을 현재형으로 적어라. 자신이 원하는 것을 현재형으로 쓴 뒤 그것을 소리 내서 말하고 노래하자. 하루에 적어도 10번을 반복해서 해야 한다. 그렇게 하면 잠재의식에 새길 수 있다.

3. 생각을 공유할 수 있는 친구를 한 명 고르자. 당신을 믿고 당신의 열망을 지원해줄 그런 사람을 찾자. 그 친구는 당신에게 자신감을 심어주고 당신이 꿈을 이루도록 도와줄 수 있다.

4. 매일 자기 자신이 '위험을 무릅쓰는 사람'이라고 확언하고, 그 확언에 걸맞게 행동하자.

5. 대차대조표를 만들자. 종이 한 장을 꺼내 가운데에 세로선을 그은 뒤 왼쪽에는 마이너스(−) 표시를 하고 오른쪽에는 플러스(+) 표시를 한다.

6. 마이너스 표시 밑에는 당신이 생각대로 했을 때 벌어질 수 있는 최악의 일을 쓰자.

7. 플러스 표시 밑에는 계획대로 진행했을 때 벌어질 수 있는 좋은 일들을 모두 쓰자.

8. 대차대조표 오른편에 있는 일들을 어떻게 해야 훌륭하게 해낼 수 있는지에 초점을 맞추자. 또한 왼편에 있는 일들이 재앙으로 흘러가지 않게 잘 극복할 수 있는지 확인하자. 또한 양극단을 모두 마주했기 때문에 잃을 게 없음을 확인하자.

제8장

면도날만큼의 차이가
성패를 가른다

인생의 아름다운 길목으로 접어들기까지
고작 한 뼘… 한 걸음…
한 가지 생각이 남았을 뿐.

승자와 패자는 면도날로 그은 듯 아주 명확하게 나뉜다고 한다. 아마도 인생 전반에서 대대적으로 승리를 거두는 경우를 두고 하는 말일 것이리라.

윌리엄 서머싯 몸William Somerset Maugham은 《면도날》이라는 제목의 작품을 썼고, 1946년 대릴 재넉Darryl F. Zanuck 감독은 400만 달러를 들여 동명의 영화를 제작했다. 작가와 영화 제작자인 두 거장은 사람들 사이에는 그다지 큰 차이가 없지만 일궈낸 성과에는 매우 큰 차이가 존재한다는 걸 알고 있었다 (이것이 바로 책뿐 아니라 영화의 주제이기도 하다).

한 사람은 '지금 막' 프로젝트를 시작하려 하고, 다른 사람은 '이미' 시작했다. 한 사람은 '거의' 과제를 완수했고 다른 사람은 '확실히' 완수했다. 한 사람은 기회를 '보았고', 다른 사람은 기회 잡아 '행동으로' 옮겼다. 한 사람은 '거의' 시험에 통과했고 다른 사람은 '완벽하게' 통과했다. 이들이 거둔 성과의 차이는 100점 중 1점에 불과할지 모르지만, 그 1점의 중요성은 매우 크다.

체육사 연감에는 면도날처럼 예리한 차이를 보여주는 극적인 일화들이 풍부하게 담겨 있다. 1976년 몬트리올 올림픽의 100미터 달리기 경기에서는 여덟 명의 선수가 결승에 올랐다. 그러나 금메달을 딴 선수는 꼴찌로 들어온 선수보다 고작 0.1초 더 빨랐을 뿐이다.

미국에서 벌어진 경마대회에서 총 100만 달러의 상금을 처음으로 돌파한 경주마 암드Armed는 1947년 76만 1,500달러를 벌었다. 그러나 같은 해에 두 번째로 상금을 많이 받은 경주마는 고작 7만 5,000달러를 벌어들였을 뿐이다. 상금의 액수만 따로 떼어내서 보면 암드가 경쟁자인 2위의 말보다 13배는 더 잘한 듯 보인다. 하지만 실제로 이 두 경주마가 시합에서 기록한 승리의 횟수를 비교해보면 암드의 승률이 4퍼센트 정도밖에 높지 않음을 알 수 있다.

우리는 자라면서 어떤 사람은 능력이 있고 어떤 사람은 없다는 생각을 하게 된다. 혹은 어떤 사람은 다른 사람들보다 훨씬 뛰어나기 때문에 인생을 더욱 풍요롭게 즐기는 거라고 생각한다. 지금 이 자리에서 이러한 당신의 생각이 완전히 틀렸음을 깨닫길 바란다.

당신은 당신이 보고 듣고 아는 어느 유명인만큼이나 훌륭하고 능력 있다. 그들과 당신의 차이는 오직 성취의 영역에만 존재한다. 당신에게는 성과들을 크게 개선할 방법이 있으므로 당신은 그 사람들보다 더 크게 성공할 수 있는 잠재력을 가진 셈이다. 이미 당신은 다른 사람들이 하는 일을 어떻게 하는지 알고 있으며(모르면 배울 수도 있다), 당신의 잠재력은 무한하기 때문에 더 훌륭한 일을 해낼 수 있다.

더 크게 성공하기 위해 해야만 하는 '뭔가'가 있을 테고 이는 당신이 생각했던 것과 다를 수 있다. 그게 무엇이든 당신이 더할 나위 없이 잘 해낼 수 있다고 확신해도 좋다. 그러나 명심하자. 사람마다 살아가는 세상이 조금씩 다르고 잠재력도 다르기에 당신이 반드시 해야 하는 그 뭔가가 다른 사람이 해야 하는 뭔가와는 일치하지 않을 수도 있다. 그럼에도 당신은 결국 무엇을 해야만 하는지 알아낼 것이다. 그러니 면도날로 그은 듯한 그 예리한 차이가 무엇인지 알아냈다면 즉각 행동에 옮기겠다고 결심하자.

면도날로 그은 듯 승리와 패배를 갈라놓는 명확한 차이가
무엇인지 알아냈다면 즉각 행동에 옮기겠다고 결심하자.

아주 작은 차이가 만들어내는 성패

내가 이 장을 쓰고 있을 때 내 소중한 친구 하인즈 다우어가
전화를 걸어왔다. 얼마 전 내가 아이디어를 준 것에 대한 감
사 인사를 전하기 위해서였다. 그 아이디어가 무엇인지 풀어
놓기 전에 우선 몇 가지 배경을 설명하려 한다. 하인즈 다우
어는 토론토의 한 대형 보험회사에서 일하는데, 이 회사는
매해 10월이 되면 '회장배 대회'를 개최한다. 회사의 모든 영
업사원은 이 대회에 참가해서 각기 최고 수준의 생산성을 겨
룬다. 대회에서 우승하면 부와 명예 모두를 거머쥐게 된다
(회사는 언제나 입증된 리더를 알아본다).

매년 그렇듯 다우어는 이번 10월에도 특출나게 뛰어난 생
산성을 기록했다. 그리고 언제나처럼 11월에는 한숨 돌려서
통상적인 수준의 매출을 올릴 정도로만 일하려 했다.

어느 날 오후, 다우어와 이야기를 나누면서 항상 열정이

넘치는 그가 그날은 상당히 풀이 죽어 있다는 걸 눈치챘다. 뭔가가 잘못됐다고 느낀 나는 그에게 무슨 문제가 있는지 물었다. 그는 가장 중요한 10월이 끝나고 나니 엄청난 슬럼프에 빠지게 됐다고 설명했다. 다우어의 기운을 북돋워주려고 나는 이렇게 물었다. "하인즈, 11월에도 10월 수준의 성과를 내서 추가 인센티브를 받는다면 그걸로 뭘 하고 싶어(사실 그는 10월에 평상시 월급의 세 배를 더 번다)?"

내 질문에 담긴 진정한 의미를 꿰뚫어 본 하인즈의 얼굴은 매우 밝게 빛났고, 얼굴 전체로 환한 미소가 번졌다. 그 후 나는 이렇게 덧붙였다. "자네가 10월의 성과를 11월에도 반복해서 낼 수 있는 능력이 있다는 걸 우리 둘 다 잘 알고 있지. 의심의 여지가 전혀 없는 사실이야." 이제 다우어는 자신에게 성과를 반복해서 낼 수 있는 능력이 있을 뿐 아니라 분명히 다시 해낼 수 있음을 전적으로 확신하게 됐다. 본래의 자신감과 열정을 완전히 회복한 그는 이렇게 말했다. "좋아, 밥. 반드시 해낼 거야!"

결국 그는 해냈다. 하인즈 다우어는 자신이 10월에 세운 기록을 11월에 깨뜨렸다. 이 기록 덕분에 그의 연봉이 얼마나 달라졌을지 생각해보자. 회사에서 다우어의 입지가 얼마나 올라갔는지는 말할 필요도 없다. 우리는 다우어가 내년

11월에도 그만큼의 성과를 올릴 것임을 알 수 있다.

하인즈 다우어에게 작용한 '뭔가'에는 별다른 것이 없다. 10월에 했던 대로 11월에도 똑같이 하기로 결심한 것 말고는 특별하거나 고차원적인 전략이 없다는 말이다. 아마도 당신은 속으로 이렇게 말할지도 모른다. '그쯤은 누구든 할 수 있는 일 아닌가?' 그래, 당신 말이 맞다. 누구나 할 수 있는 일이다. 하인즈의 회사에는 하인즈처럼 보험을 파는 사람이 수천 명 있다. 하지만 장담컨대 그들 중 하인즈처럼 해낼 사람은 다섯 명도 되지 않는다.

유명 미식축구팀인 그린베이 패커스Green Bay Packers의 코치 고故 빈스 롬바르디Vince Lombardi는 축구에서 '면도날' 개념이 어떻게 작용하는지 이렇게 설명했다. "대부분의 게임은 전반전과 후반전의 마지막 2분에서 승패가 갈립니다."

그는 미식축구의 면도날 전략과 관련해 '제2의 노력'이라는 개념으로 사람들의 기억 속에 남아 있다. '제2의 노력'은 선수들의 의식을 고취시키기 위해 그가 소개한 개념으로 간단히 설명하면 이렇다. 한 선수가 달려 나가다 상대편의 블로킹으로 길이 막혔을 때 노력을 기울여 상대를 더 세게 밀치면서 두 번째 기회를 향해 달려 나간다는 의미다.

이와 유사한 심적 태도를 갖춘다면 인생에서 얼마나 놀라운 차이를 만들어낼 수 있을지 생각해보자. 현재 일주일에 고작 세 건의 계약만 성사시킨 영업사원이 있다. 이 사람이 제2의 노력이라는 개념을 성실하게 받아들여 일주일 동안 추가 계약을 한 건 더 따내기로 결심한다면 그 결과는 어떨까? 주 단위로 보자면 계약 한 건을 더 따내는 것이 중요한 돌파구로 보이지 않을 수도 있다. 그러나 경력 전체로 보자면 이야기가 달라진다. 만일 일주일에 추가 계약 한 건을 더 따낼 경우, 40년이면 추가 실적의 합계는 2,000건 이상이 된다. 금전적인 측면에서 보자면 40년 경력에서 10년 치 연봉을 추가로 더 받게 된다는 의미다. 그렇다. 이 한 건의 계약은 당신이 그 분야의 초일류가 될 수 있도록 끌어올려줄 면도날만큼의 차이가 될 것이다.

빈스 롬바르디의 '제2의 노력'

달려 나가던 선수가 상대편의 블로킹으로 앞길이 막히면

노력을 기울여 더욱 세게 밀치면서

두 번째 기회를 향해 달려 나가야 한다.

커리어에 '제2의 노력'을 적용한다면 어떤 차이가 생길까?

올림픽 영웅 밀트 캠벨과 다른 선수들의 결정적 차이

밀트 캠벨Milton Campbell은 스스로 면도날의 차이를 발견해낸 사람이다. 캠벨은 철인 10종 경기를 하기 위해 1952년 올림픽에 참가했다. 그는 뛰어난 기량을 선보였고 세계에서 두 번째로 뛰어난 선수로 경기를 마쳤으며, 은메달을 목에 걸고 집으로 돌아왔다. 그러나 캠벨에게는 언제나 금메달을 따겠다는 야망이 있었다. 그는 집으로 돌아와 오래 지속해온 제2의 노력을 기울였고, 훈련 프로그램을 처음부터 다시 시작했다. 그 후 4년 동안 밀트 캠벨은 오직 훈련 스케줄에만 전념했으며, 1956년 올림픽에서 결국 금메달을 차지했다.

이 극적인 성과에 감화된 나는 여러 차례 캠벨과 이야기를 나누는 기쁨을 누릴 수 있었다. 그는 내게 고등학생 시절 자신과 경쟁했던 선수들 대부분이 자기보다 훨씬 뛰어났다고 털어놨다. 하지만 이들 대부분은 어느 순간 운동을 그만두었다. 캠벨과 그들 사이에는 면도날 정도의 차이가 있었을 뿐이다. 이 차이가 그를 계속 훈련에 정진하도록 만들었다. 그 결과 밀트 캠벨은 금메달을 목에 걸었고 전 세계에서 가장 뛰어난 선수로 이름을 알렸다.

승리와 패배를 갈라놓는 예리한 선이 가장 강렬하게 표현된 모습은 영화 〈면도날〉을 통해 드러난다. 이 영화에는 여덟 명의 주연배우와 여덟 명의 대역배우들이 출연한다. 주연배우마다 어렵고 가혹하며 성가신 연기를 대신해주는 대역배우가 있다는 뜻이다. 그리고 대역배우가 연기하는 사이에 주연배우들은 휴식을 취한다. 영화가 완성된 후 《라이프》지는 여덟 명의 주연배우를 찍은 사진을 한 면에 싣고 여덟 명의 대역배우를 찍은 사진을 다른 한 면에 실었다.

영화에 출연하는 스타배우 타이론 파워의 대역은 토머스 누난이 맡았다. 누난은 파워의 동창이었고, 둘은 같은 시기에 같은 고등학교를 다녔다. 두 남자 모두 몸집이 비슷했고, 지능도 비슷했으며, 옷차림도 거의 비슷했다. 그뿐 아니다. 그들은 신체적인 비주얼을 포함해 많은 면에서 매우 비슷했다. 당연한 말이지만 주연배우와 대역배우는 가급적 서로를 닮아야만 한다.

그러나 한 가지 면에서, 오직 그 한 가지 면에서만 주연배우와 대역배우들은 완전히 달랐다. 사진을 찍은 여덟 명의 주연배우가 받은 출연료의 총합은 그때 당시로선 놀라운 금액인 48만 9,000달러에 달했다. 반면 여덟 명의 대역배우가 받은 출연료의 총합은 고작 6,534달러였다. 주연배우들은 대역배우들보다 재능이 아주 조금 더 뛰어났을지 모르지만, 이들이 받는 금전적 보상은 75배나 더 컸다.

면도날 개념을 더욱 깊이 이해할수록 일상에서 그와 관련된 사례가 수도 없이 많음에 놀라게 된다. 어느 상점에서 쇼핑을 마치고 나서려는 참이다. 그때 판매원이 상냥하게 미소를 지으며 "구매해주셔서 감사합니다. 또 오세요."라는 인사를 하면 그곳이 얼마나 친절하게 느껴질지 생각해보자. 반면 다른 상점에서는 판매원이 불친절한 표정으로 당신을 맞이하면서 "이걸 사실 건가요, 안 사실 건가요?"라고 묻는다고 생각해보자.

약 1년 전쯤 토론토에서 열린 내 세미나에 한 가족이 참석했다. 겉으로 보기에는 정말로 화목한 가족이었지만 심각한 문제를 겪고 있었다. 그 가족은 문제를 해결하는 데 도움을 줄 수 있는지 내게 물었다. 이들은 자동차 정비소를 운영하고 있었는데 이 가족의 사업은 점점 기울어가는 추세였다. 가게 문을 닫고 다른 사람 밑에서 일해야 하는 건 아닐까 진지하게 고민할 정도로 상황이 나빴다.

이들을 돕기 위해 나는 정비소를 방문했고 여러 질문을 던졌다. 그리고 가만히 앉아 이들의 답에 아주 조심스레 귀를 기울였다. 내가 정비와 관련한 질문을 하면 이 가족들은 엄청난 열정을 갖고 자신감 넘치는 대답을 내놓았다. 나는 이들이 아주 능숙한 정비공들인데다 보기 드물 정도로 열심히 일하는 사람들임을 확신할 수 있었다. 반면 정비소 홍보와 관련한 질문을 할 때면 이들은 심드렁한 태도로 전혀 관심을 보이지 않았다. 나는 이 점도 금세 눈치챘다. 실제로 비관적이고 실망스러운 기운이 가족들에게 드리웠다.

이 가족이 겪는 문제의 핵심은 다름 아닌 이들의 심적 태도와 관련되어 있었다. 일단 문제의 핵심을 확인했기 때문에 나는 적절하고 올바른 대안을 제안할 수 있었다. 먼저 이 가족에게 수리가 필요한 차들이 정비소에 줄지어 선 모습을 시각화해보라고 권했다. 또한 자동차를 수리하는 자신의 모습을 시각화할 때는 자동차 내부를 청소기로 청소하고 외부는 물로 닦으면서 유리창에 티끌 한 점 없는지 확인하는 모습을 떠올리라고 말했다. 그러면서 사람들은 대부분 자동차의 기계학적인 측면에 관해 딱히 아는 게 없으며 보통은 겉모습에만 치중한다고도 덧붙였다. 누구나 멋져 보이는 차를 운전하고 싶어 한다. 그러니 이 기초적이고 작은 변화와 세심한 손길은 이들에게 곧 엄청난 변화를 가져올 것이다.

대략 2주 정도가 지난 뒤 가족 중 한 명이 내게 전화를 걸어왔다. 그녀는 이 기본적인 요소가 이토록 어마어마한 차이를 만들어낸다는 걸 자기 가족이 여태 모르고 있었다고 말했다. 내가 방문하고 2주가 지나자 정비소로 차들이 몰려들어서 너무 바빠졌다고 했다. 정비소로 몰려오는 자동차를 제대로 정비할 수 없을 지경이라며 행복한 고민을 토로했다.

이 정비소를 패자에서 승자로 바꿔놓은 면도날 같은 차이는 무엇인가? 친절한 태도와 자동차에 대한 몇 가지 추가적인 손길이 다였다. 솔직히 특별히 극적인 요인이나 대단한 전략이 있었던 게 아니다. 심적 태도를 비롯해 기본적인 요소를 바꿀 만한 가치가 있었을까? 토론토의 제이콥스 가족에게 한번 물어보자.

대부분의 교육 전문가들은 평균적인 사람들의 읽기 능력은 겨우 6학년 또는 7학년 수준에 머문다고 한다. 그 이유는 무엇일까? 6학년이나 7학년이 될 때까지 읽는 법을 배우지만 그 후로는 읽기 능력을 갈고닦을 생각을 하지 않기 때문이다. 읽기에 관한 이 이야기는 우리가 인생을 살면서 습득하는 다른 기술 대부분에도 적용된다.

사람들은 특정 분야에서 어느 정도 기본적인 기술을 익히고 나면 대개 배우기를 그만둔다. 그러다 보니 그 시점부터는 더 이상 발전하지 못한다. 대부분이 그렇게 하므로, 극히 일부만이 자기 일을 천직으로 삼아 인정받는 전문가가 된다. 이들은 자기 분야에서 가장 크고 좋은 몫을 요구할 수 있으며 그것을 받을 사람들이다. 앞서 말한 영화 〈면도날〉에 출연한 배우들의 출연료에서 드러났던 그 막대한 차이를 떠올려보자.

> 사람들은 특정 분야에서 어느 정도 기본적인 기술을
> 익히고 나면 대개 배우기를 그만둔다. 그러다 보니
> 그 시점부터 더 이상 발전하지 못한다.

사소한 실천이 만들어내는 놀라운 성취

이런 사실을 고려해서 당신의 현재 직업을 곰곰이 생각해보고 다음의 두 가지 질문을 자신에게 던져보자. "나는 내가 하는 일을 얼마나 잘하고 있는가? 그리고 얼마나 더 잘할 수 있는가?" 당신이 선택한 분야를 매일 한 시간씩 5년 동안 공부한다면 매주 40시간씩 45주 동안 공부하는 셈이다. 이는 거의 1년 내내 공부한 양에 버금간다는 것을 명심하자. 게다가 딱 한 시간만 공부하기 때문에 집중력을 온전히 거기에 쏟을 수 있다. 따라서 실제로는 1년 동안 집중적으로 공부한 것과 같아진다.

첫 번째 해가 마무리될 무렵이면 귀중한 공부 시간을 매주 40시간씩 9주 동안 쏟아부은 상태다. 고작 하루에 한 시간 공부하는 것이지만 이것을 꾸준하고 성실히 수행하다 보면, 짧은 시일 내에 들쥐 사이에 우뚝 선 기린처럼 당신은 동료들 사이에서 돋보이게 될 것이다.

이 방식에 대해 진지하게 생각해보라. 여기에는 경쟁이랄 게 전혀 없다. 경주에 참여한 사람이 거의 없기 때문에 패자들마저 승자가 된다. 빠른 성과를 내려고 어마어마한 양의 공부를 해낼 필요도 없다. 다시 말하지만 지식과 무지의 차이는 면도날이 그은 선만큼이나 미세하다.

좀 더 구체적으로 설명해보자. 나는 운전하는 동안 카세트테이프로 강의를 들으면서 엄청난 양의 공부를 한다. 당신도 자동차를 탈 때 라디오를 끄고 오디오북을 켜보라. 내가 그랬듯 당신도 어마어마한 차이를 만들어낼 수 있다. 1년에 4만 킬로미터를 운전하는 사람은 자동차에서 매주 40시간씩 13주를 보내는 것과 같다. 이 시간을 현명하게 활용한다면 운전이라는 일상적인 행위를 하면서 잠재의식 속에 소중한 정보를 풍부하게 비축할 수 있다. 아무리 좋은 아이디어라 해도 현실에서 이루어지지 않으면 의미가 없다.

다음의 설명을 찬찬히 생각해보자. 두 번째 손가락을 아주 조금 움직이는 것만으로 차가운 쇠붙이가 살상 무기로 바뀔 수 있다. "불이야!"라는 단 한마디로 방 안에 있던 행복한 사람들이 공포에 질려 고함을 지르는 아수라장을 만들 수 있다. 이 부정적인 사례들은 면도날 같은 작은 차이가 어떻게 긍정적인 결과와 부정적인 결과 모두를 만들어낼 수 있는지 보여준다. 인생의 모든 면에서 '정반대의 법칙'law of opposites이 작동하므로, 인생의 수준을 향상시키기 위해 그 정교한 선을 넘으려고 의식적으로 노력해야 한다. 그렇지 않으면 본의 아니게 당신의 지위가 낮아지는 방향으로 움직일 수도 있다.

인생의 모든 면에서 '정반대의 법칙'이 작동하므로,
인생의 수준을 향상시키기 위해 그 정교한 선을
넘으려고 의식적으로 노력해야 한다. 그렇지 않으면 본의
아니게 당신의 지위가 낮아지는 방향으로 움직일 수도 있다.

좀 더 상세히 이야기해보자. 몇 주 전 라디오에서 토크쇼를 진행했는데, 한 여성이 전화를 걸어왔다. 그녀는 현실의 삶이 학생 시절 꿈꿔왔던 모습과는 너무 다름을 인식하고는

부정적인 생각에 빠져 있었다. 학생 시절 그녀는 유명한 작가가 되어 신나게 일하는 꿈을 꾸었지만, 졸업 직후 결혼했고 이제는 어린 자녀 두 명을 키워야만 했다. 그래서 자신의 계획이 무너졌다고 느꼈다. 아이들은 아직 어렸고, 그녀는 "둘 다 하루 종일 제 다리에 매달려 있어요."라고 말했다. 상황이 이렇다 보니 글을 쓰기 위해 홀로 어딘가로 나갈 수도 없었다. 그녀는 가족에 대한 원망과 함께 인생 전반에 대해 매우 억울한 기분을 느끼고 있었다.

나는 그녀에게 책을 쓰기 위해 반드시 멀리 떠날 필요는 없다고 했다. 글을 쓰기 위해 남태평양의 어느 섬으로 떠나는 작가들도 있지만, 사실 그럴 수 있는 사람은 극소수다. 나는 이 점을 강조했다. 실제로 모든 시간을 글쓰기에만 쏟는 작가들은 아주 드물다(글쓰기를 통해 수입 대부분을 올리는 사람들조차 그렇다). 그래서 나는 그녀에게 이렇게 말했다. "아무리 방해 요소가 있다 해도 하루에 한 페이지는 쓸 수 있을 겁니다." 만일 매일 한 페이지씩 글을 쓴다면, 1년 동안 그녀는 썩 괜찮은 분량(365페이지)의 책을 한 권 완성할 수 있다. 만일 분량이 적은 책이라면 두세 권을 완성할 수도 있으리라.

아침에 딱 한 시간만 일찍 일어나면 얼마든지 실천 가능하다. 즉 그녀의 꿈을 현실로 만들어줄 면도날 같은 차이를 만

들 수 있다. 또한 가족들이 가까운 곳에서 정신적인 지지를
보내주는 이점도 누릴 수 있다.

연습하자, 연습하자, 더 연습하자

이 글을 쓰는 동안 언론은 최초의 인공심장을 환자에게 이
식했다는 이야기로 연일 떠들썩했다. 〈토론토 데일리 스타〉
Toronto Daily Star는 수술을 집도한 윌리엄 드브리스William DeVries
박사의 말을 인용해 수술할 때 그의 신조는 언제나 "연습하
자… 연습하자… 그리고 더 연습하자! 이 원칙을 지킨다면
실제로 수술을 집도할 때 수술 과정이 몸에 배어 거의 일상
이 될 것이다."라고 했다.

윌리엄 드브리스 박사의 보장된 성공 처방전 :

연습하고, 연습하고, 더 연습하자.

   드브리스 박사는 추가적인 노력을 기울이는 사람의 모범
적인 사례다. 그는 병원 수술실에서 수술을 집도하기 전에

마음속으로 수술 과정을 하나하나 미리 진행하며 시뮬레이션했다. 또한 이런 연습을 하려고 시간과 노력을 들였다. 이러한 면도날만큼의 차이 덕에 드브리스 박사는 세계적으로 유명한 외과의가 되었고 의학사에 이름을 올릴 수 있었다.

한 번 더 노력해서 남들보다 앞서게 된 훌륭한 사례가 또 있다. 로버트 자빅 박사는 앞선 예와 똑같이 인공심장 수술로 역사적 사건에 등장한다. 로버트 자빅Robert Jarvik 박사는 겨우 서른여섯의 나이로 세계 최초의 인공심장을 설계한 사람이며, 면도날 법칙의 또 다른 모범사례로 꼽힌다. 자빅 박사는 미국의 의과대학에 지원해 세 번이나 낙방했다. 심지어 그가 낙방한 의과대학의 한 교수는 그에게 치과대학에 지원하라고 조언하기까지 했다.

그러나 로버트 자빅은 비전을 가진 사람이었고 그 비전을 부정하지 않았다. 그는 본능적으로 자신이 운명의 주인임을 이해하고 있었고 패배를 받아들이지 않았다. 이런 면모만 봐도 그가 선천적으로 면도날 개념을 이해하고 있음이 분명하다. 놀라운 끈기 덕에 그는 마침내 1972년 솔트레이크시티에 있는 유타대학교 의과대학에 입학했다. 그리고 겨우 10년 후 젊은 로버트 자빅은 그 누구도 본 적 없는 의학적인 개가를 이루었다.

자빅 박사의 아내 일레인은 자기 남편에 대해 "그는 가늠하기 몹시 어려운 자질을 가진 사람이에요. 창조적인 사람이죠. 그런 건 시험으로 측정할 수 있는 게 아니거든요."라고 말했다. 로버트 자빅 박사는 뛰어난 학점이나 일류대학 졸업장, 또는 의대 입학시험 고득점 등 일반적인 장점은 전혀 갖추지 못한 채 의대의 치열한 경쟁 현장에 뛰어들었다. 그럼에도 그에게는 가장 중요한 무형의 자산이 있었다. 바로 끈기와 성공에 대한 불타는 열정이었다.

우리 모두 자빅 박사처럼 언젠가는 의학 분야에서 놀라운 성과를 이루고 새 역사를 쓸 것이라는 이야기를 하려는 게 아니다. 그러나 표준화된 능력 시험으로는 평가할 수 없는 특별한 재능과 소질을 가졌다는 점에서는 자빅 박사와 공통점을 지녔을 수 있다. 로버트 자빅 박사처럼 우리도 집념과 끈기, 용기를 통해 특별한 재능을 꽃피울 수 있다. 어쩌면 우리가 성공하는 데 필요한 것은 사과를 한 입만 더 베어 무는 것뿐일지도 모른다.

앞서 언급했듯 나폴레온 힐은 《생각하라 그리고 부자가 되어라》에서 한 장 전체를 끈기에 할애하며 이렇게 말했다. "나는 토머스 에디슨과 헨리 포드를 모두 분석해볼 수 있는 행복한 특권을 누렸다. 한 해 또 한 해, 몇 년에 걸쳐 두 위인을 면밀히 연구할 기회를 얻었다. 이로써 나는 실질적인 지식을 바탕으로 결론 내릴 수 있다. 두 위인 모두가 위대한 업적을 이룬 주요한 근원은 끈기다. 끈기를 제외하고는 그 어떠한 능력도 발견되지 않았다."

두 위인의 업적은 엄청나서 일반적인 사람들의 성과와 비교했을 때 어마어마한 차이를 보인다. 하지만 에디슨과 포드는 둘 다 자신들이 지적으로 우월하지 않다고 고백했다. 아이큐만 보면 다른 사람들보다 더 떨어졌을지도 모른다. 그럼에도 두 사람은 끈기라는 결정적인 능력을 소유했고, 그 덕분에 다른 사람들과는 다른 인생의 결과를 이루어냈다.

어쩌면 당신을 초일류로 끌어 올려줄 요인, 정신적인 관점에서는 물론이고 물질적인 측면의 소득을 늘려줄 요인은 바로 끈질기게 버틸 수 있는 능력인지도 모른다. 뭔가를 하기 위해 나아가다 상황이 어려워졌을 때 버틸 수 있는 능력이야말로 당신에게 면도날만큼의 차이를 만들어준다. 그러니 열정을 갖고 딱 한 번만 시도해보자. 당신의 성과는 아주 평범한 수준에서 아주 비범한 수준으로 바뀔 수 있다.

내가 개인적으로 경험한 한 가지 일화를 잠깐 들려주려 한다. 이 책을 완성하기 위해 나는 새로운 습관을 들이고 있다. 매일 아침 다른 가족들보다 일찍 일어나서 재빨리 샤워를 마치고, 사무실 가는 길에 마실 커피를 한 잔 내린다. 나는 아침 7시 전에 사무실에 도착해 글을 쓰기 시작한다. 전화벨도 울리지 않고, 아무도 방해하지 않는 이 절대적으로 고요한 시간 동안 나는 몰입해서 글을 쓸 수 있다. 그리고 정말로 그 시간이 즐겁다. 다른 사람들이 일을 시작할 때쯤 나는 이미 글을 몇 장 쓰고 난 뒤다. 이제는 자유롭게 그날 하기로 예정된 다른 일을 하며 바쁘게 지낼 수 있다.

한 번의 시뮬레이션이 30배의 보상으로 돌아온다

이제 이 이야기를 당신의 상황에 적용해보자. 당신이 영업직에 근무하고 있다면 매일 아침 내가 했던 것처럼 행동하면서 한두 달 안에 발표해야 할 영업 프레젠테이션을 생각해볼 수 있다. 상상 속의 잠재고객 또는 동료 중 한 명과 영업 프레젠테이션을 시뮬레이션해보자.

나는 '롤 플레이'role play 보다는 '시뮬레이션'simulation 이라는 표현을 사용한다. 플레이라는 단어는 '게임하다', '놀다' 등의 의미를 내포하고 있어서 롤 플레이라고 하면 연습이 게임처럼 느껴진다. 그래서 롤 플레이라는 용어를 되도록 사용하지 않는다. 반면 시뮬레이션은 우주비행사들이 우주에서 어떻게 작전을 수행할지 준비하는 과정을 일컫는 말로 사용되면서 잘 알려진 용어다. 우주비행사들은 실제 우주와 같은 환경 및 상황을 만들어놓고 시뮬레이션하면서 우주에서의 경험을 미리 겪어본다.

매일 아침 한두 시간 정도 비슷한 방식으로 영업 프레젠테이션을 연습한다면, 상당히 짧은 기간 안에 놀라울 정도로 성과가 개선될 것이다. 1~2년 동안 부지런히 노력한다면 영업의 기회를 놓치지 않는 능숙한 영업자가 될 수 있다. 기억하자. 수요가 있고 방법이 있는데 여전히 영업에 성공하지 못했다면 그 이유는 당신이 충분히 잘하지 못해서다.

어떻게 해야 충분히 잘할 수 있게 될까? 드브리스 박사가 처방한 대로 '연습하고, 연습하고, 더 연습하자'가 가장 확실한 방법이다. 이 방법을 통해 당신은 진정한 전문가의 반열에 오를 수 있다. 그뿐만 아니라 진정한 전문가가 마땅히 누릴 만큼의 보상을 얻게 될 것이다. 나는 그저 하루에 한 시간씩만 빼서 해보라고 제안했지만, 이를 통해 당신은 재녁 감독의 영화에 등장하는 배우들처럼 몇 배 이상의 보상을 얻을 수 있다.

몇 년 전 나는 세계 굴지의 보험회사에서 수석 부사장으로 일하는 루디 미쇼Rudy Michaud와 함께 미국 남동부를 여행하고 있었다. 한 도시에서 다른 도시로 움직이는 비행기 안에서 미쇼는 서류 몇 장을 꺼내 일을 했고 나 역시 프로젝트 준비를 하느라 바빴다. 갑자기 미쇼가 내게로 고개를 돌리더니 종이에 끄적이던 숫자 몇 개를 보여줬다. 그는 한 영업점에서 근무하는 서른 명에서 마흔 명의 직원보다 혼자서 더 많은 돈을 벌어들이는 영업사원들이 있다고 설명했다.

이쯤에서 질문을 해보자. 이 사람들이 정말로 동료들보다 30배 혹은 40배 더 뛰어나다고 생각하는가? 당연히 아니다. 경주마 암드처럼 이 직원들은 아마도 3퍼센트나 4퍼센트 정도 더 효율적으로 일할 것이다. 그러나 연봉의 관점에서는 비교할 바가 못 된다. 무엇이 이런 차이를 만들까? 아마도 이 사람들은 다른 직원들이 아무것도 하지 않을 때 하루를 계획하거나 한 시간 정도 연습을 했을 것이다. 무엇을 했든 그 차이는 면도날이 가르는 틈만큼 작았을 것이 분명하다.

이제 책을 덮고 잠시 등을 대고 앉아라. 긴장을 풀고 생각해보자. 인생을 살면서 무엇이 당신에게 면도날만큼의 차이를 만들어줄 것인가? 그게 무엇이라 생각하는가? 진심으로 그것이 무엇인지 생각해보자.

좋다. 그 차이를 찾았다면 지금 바로 행동으로 옮기자!

용서하라

어제의 작은 잘못 때문에 왜 오늘을 망쳐야만 하는가.

그가 한 말, 당신이 한 일은 이미 오래전에 지나갔네.

어제는 그저 시험 삼아 했을 뿐이기에,

오늘의 당신은 성공할 거라네.

그리고 어제의 실수에서 고귀한 행위가 비롯되지.

경솔했던 자신을 용서하게나. 과거를 미워하지 말게나.

과거는 실수와 함께 사라지니 기억에서도 사라지리.

지난 경험에서 피어난 실패와 잘못은 그만 잊게나.

왜 당신이 고개를 수그려야 하는가.

용기를 내라! 두 눈을 치켜떠라!

– 선정작

제 9 장

과거에 연연하지 말고
미래를 꿈꿔라

분노에 차서 뒤돌아보거나 두려움에 빠져
앞날을 내다보지 마라.
다만 깨달음 속에서 주변을 살펴라.

– 릴런드

자동차 백미러로 뒤돌아보듯 계속 미련을 갖고 인생을 살아 간다면 우리는 결코 엄청난 물질적 부를 이루지 못한다. 하지만 우리는 이런 실수를 아주 흔하게 저지르고 있으며, 이는 많은 사람에게 치명적인 습관으로 자리한다. 사람들은 대부분 잊어야만 하는 과거, 이미 죽어서 아무짝에도 쓸모없는 과거의 시간 속에서 허우적대느라 현재의 시간을 낭비한다. 옛 속담 중에 "죽은 자는 죽은 자가 묻게 맡겨라."라는 것이 있다. 다시 말해 자꾸 인생을 되돌아보면서 이미 벌어졌고 더 이상 바꿀 수 없는 것들을 걱정하지 말라는 의미다. 이런 태도는 절대로 가치 있는 업적으로 이어지지 않는다.

죽은 자는 죽은 자의 손에 맡겨라

역사상 위대한 성취를 이룬 사람들은 예지력 있는 인물들이었다. 즉 미래를 꿰뚫어 보고 절대로 지나간 과거를 장황하게 논하지 않았다. 이들은 무슨 일이 일어났는지보다 무슨 일이 벌어질 수 있는지를 생각했고, 그 후 이런 상황이 결실을 맺을 수 있도록 행동으로 옮겼다.

이렇게 미래지향적으로 생각하는 사람들이 오늘날 우리에게 남긴 위대한 유산을 생각해보자. 이들의 우수한 노력 덕에 우리는 파리에서 아침 식사를 하고, 뉴욕에서 점심 식사를 하며, 토론토에서 저녁 식사를 할 수 있다. 우리는 원한다면 하루 종일 밝은 빛 아래에서 생활할 수 있으며, 전화기 버튼을 몇 번 누르는 것만으로 지구 반대편에 사는 사랑하는 사람의 목소리를 들을 수 있다.

이 기적과도 같은 기회들을 우리가 누릴 수 있게 된 이유는 무엇인가? 그저 당신과 나 같은 평범한 사람들이 예전에는 존재하지 않았던 것들을 마음속 스크린에 띄워 특별한 이미지들을 창조해냈기 때문이다.

다양한 신앙과 신조, 그리고 피부색을 가진 사람들의 개척 정신이 위대한 결실을 맺은 것이다. 이들은 미래를 내다보고 이미 존재하는 것이 아닌 앞으로 존재할 수 있는 것들을 보았다. 또한 비웃음을 던지며 그 일을 해낼 수 없을 거라 말하는 사람들을 무시했다.

위대한 성취자들은 언제나 자신이 위대한 일을 해내리라 기대하고, 방향을 전환해 결국 해내고야 만다. 감각적인 요소들에 현혹되지 말자. 우리는 라이트 형제나 에디슨, 벨과 다르지 않다. 그들이 지닌 기본적인 정신의 도구basic mental tools, 즉 잠재력을 우리도 똑같이 지니고 있다. 그리고 이들이 사용한 것처럼 우리도 잠재력을 사용할 수 있는 능력을 신에게서 부여받았다. 우리는 모두 미래를 내다보고 더욱 풍요롭고 더욱 만족스러운 상태에서 살아가는 자신의 모습을 볼 수 있으며, 이는 축복이다.

현재의 상태와는 상관없이 당신에게는 마음속에 뭔가 새로운 것을 그려낼 능력이 있다. 지금까지 무슨 일이 벌어졌든 그것을 극복할 수 있도록 이미지를 창조해내 현실세계에서 실현할 능력이 있다. 우리 모두 신이 주신 엄청난 잠재력을 지녔다는 의미에서 부자로 태어났음이 확실하다. 그리고 그 잠재력을 키워나가야 하는 빚을 지고 있다.

인간의 잠재력은 얼마나 위대한가?

전문가의 의견을 들어보자. MIT의 생물물리학과 교수인

알렉산더 리치Alexander Rich는 우리의 중추신경계가 약 1,000만 개에서 1억 개에 이르는 세포로 이루어져 있으며, 이 세포 하나하나가 대형 컴퓨터와 동일한 저장능력을 가졌다고 추정한다. 그의 추정이 옳다면, 인간의 정신은 전 세계 모든 정보를 다 저장하고도 남을 만큼의 능력을 갖췄다는 의미다.

인간의 창조성을 연구하는 다른 전문가들 역시 모든 사람에게는 아직 손대지 않은 잠재력이 머무는 미지의 저장소가 있다고 말한다. 이 잠재력은 놀랄 정도로 뛰어난 마음의 경계 안에 갇혀 있다. UCLA 두뇌연구소의 우주생물학 실험실에 소속되어 있는 로스 애디W. Ross Adey 박사는 이렇게 말했다. "우리 뇌가 가진 창조 능력에는 사실상 한계가 없다."

우리의 잠재력을 깊이 파고들수록 인간이 진정 얼마나 위대한 존재인지 알게 된다. 또한 인간이 자신의 잠재력을 제대로 인식하면 할수록 지금까지 결코 생각해보지 못했던 개념이나 일들을 더 쉽게 창조할 수 있다. 다시 말해 잠재력을 발휘해 전에 없던 새로운 이미지를 마음속에 떠올리고, 그것을 구현할 수 있다는 말이다.

"우리의 중추신경계는 약 1,000만 개에서 1억 개에 이르는

세포로 이루어져 있으며, 이 세포 하나하나는 대형 컴퓨터와

동일한 저장능력을 가졌다."

– 알렉산더 리치 MIT 박사의 추정

잠시 생각을 멈춰라. 그리고 당신의 삶과 주변 사람들의 삶의 질을 개선하기 위해 이 놀라운 힘을 어느 정도까지 사용해왔는지 점검해보자. 당신이 재능과 능력으로 채워진 놀라운 잠재력을 단 한 번도 활용해본 적 없다는 사실을 깨달았다면, 왜 그랬는지 자기 자신에게 물어보자. 그러면 아마도 오랜 시간 동안 '그런 일은 할 수 없다'면서 당신 스스로가 의식적으로 마음에 벽을 세웠음을 깨닫게 될 것이다.

이 정신적인 벽을 무너뜨리기 위해서는 아주 느긋한 상태가 되어야 하며, 자신이 하고 싶은 일은 모두 할 수 있음을 의식적으로 인식해야 한다. 아마 당신은 어떻게 해야 벽을 무너뜨릴 수 있는지 그 방법을 몰랐을 터다. 현재 당신이 이 상태에 있다면 약간은 신이 나도 괜찮다. 이 책에 실린 내용과 개념들이, 당신이 원하는 대로 할 수 있는 길을 정확히 보여줄 것이기 때문이다.

후회할 필요 없다. 과거에는 이 위대한 힘을 제대로 발휘하지 못했을 뿐이다. 자신 안에 숨겨진 근본적인 힘, 그 진실

을 제대로 이해하는 사람은 이 세상에 별로 없다. 그렇기에 극히 적은 수의 사람만이 역동적이고 신나는 삶을 살며, 대부분의 사람은 혼란스럽고 비생산적인 삶을 산다. 지금까지 읽은 내용을 바탕으로 당신은 이미 이 중요한 잠재력에 대해 다른 사람들보다 훨씬 앞서 이해하게 됐다.

사람들은 언제나 삶을 과거형으로 산다. 이것이 현실이다. 케케묵은 이미지를 가슴에 품고 오직 절반의 인생만 살아가며 스스로 한계를 정해버린다.

심리학 초창기에 세상에서 가장 뛰어난 심리학자로 꼽혔던 윌리엄 제임스William James는 보통 사람은 진짜 잠재력의 일부만(아마도 10퍼센트 정도) 사용한다는 결론을 내렸다. 그리고 이것을 자신이 발견한 가장 중요한 심리학적 업적이라고 여기면서 이렇게 썼다. "거의 모든 사람이 심리학적으로든, 지적으로든 아니면 윤리적으로든 잠재력을 아주 제한적으로 발휘하며 살아간다. 이 사람들은 전반적으로 잠재된 의식과 영혼의 자원 중 매우 적은 부분만 사용한다. 몸 전체에서 오직 새끼손가락 하나만 사용하는 버릇을 지닌 사람과 마찬가지다."

최첨단 시대에 제임스의 발견을 논하는 것이 시대착오적이라고 생각하는 사람도 있을지 모른다. 하지만 불행히도 그렇지 않다. 지금의 우리는 할아버지 세대가 살아왔던 것과 거의 똑같은 방식으로 살아가고 있다. 안타깝게도 여전히 잘못된 방식으로 살아가고 있다는 의미이다. 우리 대부분이 진정한 잠재력을 올바로 측정하고 제대로 발휘하도록 훈련받지 못한 탓이다.

자기 인생을 바꿀 수 있는 사람은 오직 자신뿐

실제로 인생이 형성되는 시기에 우리는 학교 성적이 인생의 승패를 가른다고 믿으며 세뇌당했다. 이 잘못된 개념은 사실상 모든 방면에서 우리를 겨냥해 쏟아졌다. 대부분의 사람이 이것을 이성적으로 믿는 동시에 감정적으로도 휩쓸렸다. 그 결과 무수히 많은 사람의 삶이 불필요하게 희생됐다.

과거의 잘못된 믿음, 정신적 족쇄에서 자유로워질 때가 왔다. 우리 마음속 스크린 위에 아름다운 이미지를 다채롭게 띄워보는 연습을 하자. 그렇게 함으로써 치유의 과정을 시작할 수 있다. 원하는 이미지를 상상하다 보면, 이 이미지들이 현실에서 하나하나 구체적으로 구현되는 모습을 보게 될 것이다. 기대감을 안고 이 모든 것을 믿어보자.

의식적 마음의 스크린을 통해 우리가 뭔가를 하고, 되고, 가지는 모습을 볼 수 있다면 물리적 차원에서도 행하고, 되고, 가질 수 있다. "보는 대로 얻는다."는 격언처럼 말이다. 이 말은 언제나 진실이다. 현재 당신이 머무는 곳만 보지 말고 바로 앞에 있는 밝은 미래를 내다보고 기대해보자.

이 맥락에서 내가 지칭하는 '보다'는 우리가 육체의 눈으로 직접 볼 수 있는 것들이 아니라, 가능성을 보게끔 해주는 내면의 창조적인 눈을 의미한다. 내면의 눈은 광활하게 펼쳐진 창조적이고 비물질적인 세계를 볼 수 있게 해주는데, 이는 인간이 지닌 위대한 측면이다.

반대로 과거는 모든 삶이 끝나는 장소다. 불행히도 이곳은 95퍼센트의 사람들이 자기 인생의 95퍼센트를 보내는 곳이기도 하다. 그 양상도 다양하다. 나이 든 사람들은 잘나가던 자신의 황금기를 추억하면서 같은 이야기를 반복한다. 과거의 영광을 되네며 시간을 낭비하는데, 사람들은 으레 그러려니 하며 받아들인다.

이미 세상을 떠난 사람들의 이야기를 하며 소중한 현재의 시간을 낭비하거나 더는 유용하지 않은 것들을 되돌아보면서 시간을 버리고 있다. 그것도 반복적으로 말이다. 낡은 성냥갑부터 오래된 가구까지 '골동품'이라 부르는 오래된 물건을 모으는 사람들이 있는데, 과거의 영광에 매달리는 건 골동품에 집착하는 것과 같다.

마음속으로 부정적인 과거의 사건들을 되살리며 깨어 있는 시간 대부분을 소비하는 부류의 사람도 있다. 이들은 누군가가 자신에게 저질렀던 부당한 일, 어떤 사람이 자기 멋대로 지시하며 불친절하게 내뱉었던 말을 곱씹느라 귀중한 시간을 낭비한다. 이들은 과거의 실패, 혹은 어쩌다 보니 놓쳐버린 기회들을 슬퍼하고 괴로워한다. 또한 부정적인 진동 속에 머물며 긍정적인 생각이 의식으로 들어올 아주 희박한 가능성조차 거세해버린다.

의식적 마음의 스크린을 통해 우리가 뭔가를 하고, 되고,
가지는 모습을 볼 수 있다면 물리적 차원에서도
행하고, 되고, 가질 수 있다.

이런 생각이 만들어내는 것은 분노와 죄책감이며, 이 감정 상태는 치명적이다. 이 사람들은 불행을 써 내려간 사람이 바로 자기 자신이라는 사실을 쉽게 받아들이지 못한다. 또 오직 자신만이 인생의 방향은 바꿀 수 있는 주체라는 사실도 알지

못한다. 이 가련한 영혼들은 이러한 진실을 깨달을 때까지 과거의 실패를 몇 번이나 반복해야만 할 운명에 처해 있다. 모든 문제가 다른 사람 탓이라고 믿는 한 결코 성공할 수 없다. 당연한 이야기지만 우리가 성공적으로 바꿀 수 있는 것은 오직 자기 자신뿐이다. 잘못된 믿음을 품고 있으면 계속 지나간 일들을 생각하게 된다. 마음이 과거를 향해 거슬러 올라가는 동안에는 분명 앞으로 나아갈 수 없다.

자신의 모습을 찬찬히 살펴보자. 내가 앞서 묘사한 모습이 바로 당신의 모습 아닌가? 만일 당신이 그런 사람이라면 당장 마음에 급제동을 걸어야 한다. 현재의 위치를 점검하고 미래의 목표를 다시 설정하자. 앞을 똑바로 쳐다보자. 당신이 궁극적으로 할 수 있는 일, 그리고 될 수 있는 모습을 떠올리며 위대하고 훌륭한 생각들로 의식을 채우자. 당신의 마음이 어느 방향으로 움직이는지 정확히 인식해야 한다. 결국 그 방향으로 당신의 인생이 펼쳐질 것이기 때문이다.

인생은 폴라로이드 카메라와 같다

나는 종종 인간의 마음과 현실세계를 폴라로이드 카메라와 사진에 비유한다. 일단 셔터를 누르면 그 모습 그대로 설정되어 인화 과정을 거친다. 짧은 인화 시간을 거쳐 사진은 모습을 드러내기 시작한다. 그리고 셔터를 눌렀을 때 찍힌 모습 그대로 나타난다.

이 비유에서 한층 더 나아가 보자. 카메라 셔터는 장면을 포착하는 역할을 맡는데 이는 의식적 마음과 같다. 카메라 자체는 잠재의식에 비유할 수 있다. 작업 또는 일을 하는 역할을 맡기 때문이다. 사진은 결과다. 사진이 이미 찍은 장면 그대로를 보여주는 물리적인 복제품인 것처럼 마음에서 떠올린 이미지가 나타나는 것이 결과다.

똑같은 피사체를 반복해서 찍고 또 찍으면, 그저 똑같은 사진이 복제되고 또 복제되는 것 외에는 아무것도 할 수 없다. 사람들은 대부분 정확히 이런 과정으로 인생을 살아간다. 습관적으로 과거를 되돌아보며 곱씹다 보면 인생에서 동일한 결과를 복제하고 또 복제할 뿐이다. 부정적 생각에 매달려 그것을 반복하면 당신은 부정의 늪에 갇힌다. 이 패턴을 바꾸고 싶다면 과거에서 벗어나 눈앞에 놓인 밝은 미래를 용감하게 내다봐야 한다. 그리고 지금은 꿈만 꾸고 있는 일을 당장 해내는 자기 모습을 볼 수 있어야 한다.

습관적으로 과거를 되돌아보며 곱씹다 보면 인생에서

동일한 결과를 복제하고 또 복제하게 될 뿐이다.

패티 모어의 크루즈 여행을 막은 건 모어 자신

패티 모어는 고작 열한 살의 나이에 처음으로 부모님과 함께 내 세미나에 참석했다. 열다섯 살이 되자 모어는 세미나에서 강연자로 나서기도 했다. 프랑스어 과목에서 낙제할 뻔했던 자신이 세미나에서 배운 개념 덕분에 어떻게, 그리고 비교적 짧은 기간 안에 우등생이 될 수 있었는지를 들려주었다.

5년 후 모어는 나와 세미나 업무를 함께 하게 되었다. 어느 날 나는 모어의 태도가 전과 달라진 것을 알아차렸다. 일이 전혀 즐겁지 않은 눈치였다. 사실 이는 목표를 잃은 사람이 보여주는 첫 번째 증상이다. 나는 그녀에게 정말로 원하는 것이 무엇인지 물었다. 그녀가 가장 처음 한 대답은 "그게 무슨 의미예요?"였다.

나는 모어에게 자신이 무엇을 원하는지 모른 채 일하기 때문에 아무것도 기대할 수 없고, 그렇게 되면 인생이 극도로 힘들어진다고 설명했다. 모어가 대답했다. "하지만 저는 돈이 없어요. 그러니 아무것도 할 수 없고요."

나는 뭔가를 원하거나 꿈꾸는 데는 돈이 한 푼도 들지 않음을 상기시켜주었다. 불현듯 환한 미소가 모어의 얼굴 전체에 번졌고, 그녀는 내게 사우스시의 크루즈를 타보고 싶다고 했다. 나는 그녀에게 말했다. "크루즈 여행은 아주 재미있을 거예요. 나도 몇 번이나 크루즈 여행을 해봤거든요." 그 여행은 분명 근사할 것이고, 내가 그랬던 것처럼 모어 역시 크루즈를 타고 멋진 시간을 보낼 거라고 말해주었다. 또한 여행을 통해 평생 간직할 추억을 얻게 될 것이며, 원할 때마다 그 추억을 여러 번 곱씹을 수 있을 거라고 강조했다.

무엇 때문에 크루즈 여행을 주저하는지 모어에게 물었다. 똑같은 대답이 돌아왔다. "저는 돈이 없어요." 이런 식의 부정적 생각은 그녀가 인생에서 정말로 중요하다고 느끼는 뭔가를 하지 못하게 가로막는 동시에 부자유스럽게 만들었다.

모어는 이미 성인이고 매여 있는 곳도 없으며, 여행을 떠나지 못할 실질적인 이유가 전혀 없었다. 그녀를 가로막는 것은 오직 그녀의 생각뿐임을 설명하려고 나는 이 이야기를 꺼냈다. 모어는 돈이 부족하기 때문에 자신의 열망이 방해를 받는다고 확신했지만 실상은 그렇지 않았다. 그녀가 좌절한 진짜 원인은 부정적인 생각이었다. 그 원인이 무엇이든 그것이 분명 꿈을 실현하지 못하게 그녀를 가로막고 있었다.

실제로 너무 많은 사람이 모어와 똑같은 실수를 매일 저지른다. 이는 엄청난 비극이다. 아마 당신 역시 살면서 이와 똑같은 실수를 저질렀으리라. 그러니 모어의 일화를 듣고 영감을 얻기 바란다. 당신은 가고 싶은 방향으로 가고 하고 싶은 일을 할 수 있어야 한다.

원하는 것을 보고, 믿고, 기대하면 얻게 된다

어느 날 모어와 나는 함께 점심 식사를 하면서 아주 진지한 대화를 나누었다. 나는 이렇게 말했다.

"이봐요, 패티! 크루즈 여행을 정말 가고 싶다면 뒤를 돌아보거나 현재에 너무 집착하지 말아야 해요. 현재의 결과를 바라본다는 건 정확히는 이미 지나간 일을 생각한다는 것이거든요. 그건 과거 지향적인 태도예요. 이제부터는 앞을 내다보고, 우리가 세미나에서 강연한 내용을 패티의 삶에 적용해봐요. 어서 크루즈 여행을 예약하세요. 명확한 계획을 세우고 뭔가가 잘못될 거라는 생각은 절대 하지 말아요. 목표를 실현하기 위해 필요한 것이 무엇이든 당신은 그걸 끌어당기게 될 겁니다. 목표를 실현할 수 있는 확실한 계획을 세우고 실천하겠다는 생각을 받아들이자마자 말이에요. 믿어요. 돈이 필요하다면 돈을 가지게 될 거예요. 마지막 순간까지 모든 게 제대로 준비되지 않을 수도 있어요. 하지만 원하는 것을 보고, 믿고, 기대한다면 확실히 얻게 될 겁니다."

모든 상황이 어떻게 이루어졌는지 세세한 내용을 지루하게 늘어놓지는 않으련다. 하지만 경이롭고 기대치 못한 방식으로 찾아왔다는 이야기는 꼭 해야겠다. 결국 모어는 실제로 여행에 필요한 것보다 더 많은 돈을 끌어들였고, 나는 모어의 부모님과 함께 새벽 6시쯤 그녀를 배웅하러 공항에 나갔다. 설렘으로 신이 나서 벌겋게 달아오른 모어의 얼굴을 바라보며 나는 매우 만족스러운 경험을 했다. 일단 모어가 크루즈 여행을 떠났다고만 말해두겠다. 그녀는 용감하게 혼자 여행을 떠났고 분명 평생 잊지 못할 즐거운 여행을 했다.

여행 자체보다 더 중요한 것은 모어가 여행을 경험하며 얻은 깨달음이었다. 이제 그녀는 과거 지향적으로 생각하면 자신이 할 수 없는 이유만 찾게 된다는 사실을 개인적인 경험을 통해 알게 됐을 터다. 긍정적이고 기대에 찬 태도를 갖고 미래를 내다보면 우리가 '할 수 있다'는 사실을 알게 된다.

이제 모어는 미래의 소망을 성취하려 할 때마다 이 깨달음을 적용할 것이다.

당신이 가진 모든 것은 당신이 끌어당겼다

여행을 꿈꾸고 있는가? 그렇다면 어서 예약하자. 6개월 후인지 1년 후인지는 중요치 않다. 곧장 여행을 예약하고, 실제로 여행을 떠나는 날보다 더 먼저 찾아오는 설렘과 기대감을 최대한 즐기자. 패티 모어는 여행을 기다리며 준비하는 과정과 그 기간이 실제로 여행 그 자체만큼이나 즐겁고 신났으리라 믿는다. 그뿐인가. 후일 즐겁게 곱씹을 여행의 추억을 얻은 것은 말할 것도 없다.

그런데도 목표를 설정하거나 계획을 세우는 사람들이 거의 없는 이유는 뭘까? 사람들 대부분이 어떻게 해야 필요한 것들이 모여드는지 알지 못하기 때문이다. 사실 어떻게 해야 모든 것을 모을 수 있는지 알 필요 없다. 당신이 알아야 할 것은 바람직한 결과가 반드시 찾아오리라는 사실이다. 이 기본적인 원칙만 알면 된다. 인생에서 당신이 얻는 모든 것은 끌어당김의 법칙에 의해 저절로 찾아온다.

제3장에 등장한 폴 헛시의 이야기를 다시 떠올려보자. 이 이야기는 과거나 현재의 결과에 연연하지 않아야 한다는 걸 보여주는 좋은 예다. 양심적이고 지적이며 근면한 사람이 자기 집 현관에서 뛰어내리며 지붕 위에 착륙하기를 기대하는 것은 말도 안 되는 일이다. 우리는 이런 일은 절대 벌어지지 않을 것임을 알고 있다.

폴 헛시가 어땠는지 다시 상기하자. 첫째, 그는 자기 지점의 현재 매출 실적에 매달렸고 그것이 그의 마음속 이미지로 고착되어 있었다. 그래서 더 멋진 이미지들이 들어서지 못했다. 둘째, 순수한 의지력과 불굴의 결단력, 그리고 고된 노동으로 결과를 개선하려 애쓰며 20년을 보냈다.

이런 방법을 통해 모든 사람이 분명 어느 정도까지는 결과를 개선할 수 있다. 그러나 마음의 눈으로 보고 있는 그 이미지를 바꾸지 않고서는 결과가 극적으로 바뀌는 경험은 하지 못할 것이다. 폴 헛시의 이야기가 주는 교훈이 바로 여기에 있다. 자신이 앞을 내다본다고 굳게 믿고 있지만 실은 현재나 과거만 생각하며 잘못을 저지르는 사람을 보여주는 중요한 사례다. 그는 현재의 결과, 현재의 생각, 그리고 현재의 이미지에 의식의 초점을 맞추며 대부분의 시간을 보냈다.

매출 실적, 은행 잔고 아니면 병원에서 찍은 엑스레이 사진이라는 지엽적 현상에만 매달려 있어서는 안 된다. 그것들이 당신의 업무 실적, 경제적 지위, 건강 상태를 규정하게 두어서도 안 된다. 그러면 당신은 거기 갇혀서 더 큰 그림을 그릴 수 없다. 그런 인생을 살면 그 어떤 발전도 성취도 이루지 못할 것이 분명하다. 과거 또는 현재의 결과가 계속 당신의 사고 과정을 통제하는 한, 절대로 미래의 가능성을 보지 못한다. 당연히 꿈이 이뤄지는 모습도 볼 수 없다.

인생에서 당신이 얻는 모든 것은 끌어당김의 법칙에 의해 온다.

반면 지금 당신에게 나타난 구체적인 결과를 그저 당신이 과거에 품었던 이미지를 보여주는 하나의 현상 정도로만 취급한다면 어떨까? 자신의 지적 능력을 발휘해(폴 헛시와 패티 모어처럼) 밝은 미래를 내다보고 열망하면서 마음속에 의식적으로 멋진 이미지를 만들어내자. 그렇게 하면 그 이미지가 구현되는 모습을 볼 수 있을 것이다.

올려다보라. 내다보라. 당신이 살기로 마음먹은 삶의 이미지를 떠올리고 붙잡아라. 그 후 당신이 만지거나 마주치는 모든 것은 성장해서 더 위대하고 훌륭한 방식으로 스스로를 표현할 것이다. 이미 일어난 일, 현재의 결과만 생각하는 사람은 다른 사람에게 의미 있는 서비스를 제공할 만한 독창적인 생각을 떠올릴 수 없다. 이들은 이미 누군가가 해낸 것들만 보기 때문에 새로운 것을 창조해낼 생각을 하지 못한다. 이렇게 제한적인 마음가짐으로 산다면 인생에서 궁극으로 얻게 될 보상 역시 제한적일 수밖에 없다.

모든 것에는 극과 극이 존재한다

나는 토론토 북쪽으로 약 160킬로미터 떨어진 곳에 자리한 디어허스트 로지Deerhurst Lodge 리조트에서 목요일 밤부터 일요일까지 세미나를 진행하고 있었다. 금요일 밤이 되자 디어허스트에서 남쪽으로 60킬로미터 떨어진 도시인 온타리오 주 배리를 토네이도가 휩쓸고 지나갔다. 토네이도 때문에 열두 명의 사람이 목숨을 잃었고 수백만 달러의 피해가 발생했다. 일요일 밤, 집으로 돌아오는 길에 나는 배리에 잠시 들렀다. 고속도로 한편에 차를 세우고 주변을 둘러보았다. 아수라장이었다. 눈길이 닿는 곳곳에 무너진 집들과 뒤집혀진 차들이 널브러져 있었다.

그날 밤 밥 템플턴이라는 남자가 나와 같은 고속도로를 타고 가는 중이었다. 우리는 이전까지 한 번도 만난 적이 없었지만 내가 세미나에서 다룬 주제 덕분에 평생 친구가 될 수 있었다. 그 역시 나와 마찬가지로 재난 현장을 둘러보러 멈췄지만, 나와는 조금 다르게 생각했다. 템플턴은 텔레미디어 커뮤니케이션Telemedia Communications의 부회장으로, 온타리오주와 퀘벡주에서 라디오 방송국 몇 곳을 소유하고 있었다. 재앙이 휩쓸고 간 자리를 보며 그는 라디오 방송을 통해 이 사람들을 도울 수 있는 뭔가가 있을 거라고 생각했다. 다음 날까지 이 생각은 템플턴의 머릿속을 떠나지 않았다.

이튿날 저녁, 나는 토론토에서 또 다른 세미나를 열었다. 밥 템플턴과 함께 또 한 명의 텔레미디어의 부사장인 밥 존슨이 참석해서 강연장 뒤편에 서 있었다. 이들은 내 세미나를 살피며 내가 회사의 목표 달성을 도와줄 수 있는지 판단하려 애쓰고 있었다. 결국 나는 텔레미디어가 목표를 달성하는 데 기여했고, 이후 밥 템플턴의 영향력 덕에 캐나다 전역의 방송업계에서 일하게 되었다.

그는 내가 세미나에서 이야기한 내용들을 좋아했다. 자신의 사고방식과 잘 맞았기 때문이다. 밥 템플턴은 특히 우주의 법칙에 매료됐다. 그중 '정반대의 법칙' 혹은 '극과 극의 법칙'에 큰 관심을 가졌다. 모든 것에는 상반되는 것, 즉 정반대가 존재한다. 아래가 없다면 위도 없고, 차가움이 없으면 뜨거움도 없으며, 밖이 없으면 안도 없다. 마찬가지로 당신이 하고 싶은 뭔가를 해낼 수 없는 이유를 안다면, 어떻게 해야 그것을 해낼 수 있는지도 알아낼 수 있다. 즉 문제가 있다면 해결책도 있다는 뜻이다. 바로 이것이 정반대의 법칙이다. 위대한 업적을 이루는 사람이라 해도 부정적인 면이 있다. 그들은 부정적인 것을 인식하면서도 긍정적인 것에 정신적인 에너지를 쏟는다.

위대한 업적을 이루는 사람들은 부정적인 것을 인식하면서도

긍정적인 것에 정신적인 에너지를 쏟는다.

마법 같은 기적을 불러오는 333 법칙

세미나가 끝난 뒤 밥 템플턴은 사무실로 돌아갔다. 자신이 정반대의 법칙을 알게 된 것에 마음이 들떴기 때문에 늦은 시간이지만 사무실로 돌아갈 수밖에 없었다며 내게 털어놓

았다. 그는 수백만 달러를 모금해서 토네이도 이재민들에게 기부해야겠다는 생각에 사로잡혔다. 그리고 당장 모금을 시작했다. 사실 그러지 못할 이유가 전혀 없었다.

다음 주 금요일, 템플턴은 텔레미디어의 모든 임원을 사무실로 불러들였다. 그리고 커다란 플립차트 맨 꼭대기에 굵은 글씨로 숫자 3을 세 개 썼다. 그는 임원들에게 이렇게 말했다. "지금부터 3일 안에, 300만 달러를, 하루 세 시간 동안 모아서 배리에 있는 사람들을 위해 기부하면 어떨까요?"

한동안 침묵이 지속됐다. 그러다 누군가가 말했다. "템플턴 씨, 말도 안 됩니다. 지금부터 3일 내로, 하루 세 시간 동안 300만 달러를 모을 방법이 없어요!"

템플턴이 대꾸했다. "잠깐만요. 저는 우리가 할 수 있는지, 아니면 해야 하는지를 물은 게 아니에요. 그냥 그렇게 하고 싶은지만 물었을 뿐입니다." 밥 템플턴은 현명했다. 그는 인간 본성에 자리한 자비롭고 관대한 측면에 호소하고 있었다. 그 자리에 참석한 사람들에게는 이 일을 '하고 싶다'고 공개적으로 인정하는 것이 중요했다. 밥 템플턴은 이 법칙에 따라 노력했다. 즉 원하는 것은 무엇이든 성취할 수 있음을 사람들에게 보여주고 싶었던 것이다.

임원들은 모두 "그럼요, 하고 싶습니다."라고 대답했다. 그러자 템플턴은 333 밑에 커다랗게 T자를 썼다. 한쪽 편에는 '왜 할 수 없는가?'를 쓰고 반대편에는 '어떻게 할 수 있는가'를 썼다. '왜 할 수 없는가'라는 문장 아래 템플턴은 크게 X자를 그었다. 그러면서 "이제 우리가 왜 앞으로 3일 안에, 하루 세 시간 동안 300만 달러를 모금할 수 없는지 그 이유를 쓸 자리가 없어졌죠. 아무리 타당한 이유라도 소용없어요."라고 말했다.

그는 계속 말을 이어갔다. "누군가가 왜 우리가 할 수 없는지 그 이유를 말한다면, 다른 사람들은 가능한 한 큰 소리로 '통과!'라고 외쳐야 해요. 그게 바로 우리가 다른 아이디어로 넘어가기 위한 명령어가 될 겁니다. 아이디어는 차량이 줄줄이 이어진 기차와 같아요. 한 가지 아이디어가 나오면 뒤로 다른 아이디어가 연이어 딸려 오지요. 그러니 우리는 긍정적인 아이디어가 나올 때까지 '통과!'를 외칠 겁니다."

"플립차트에서 X자가 그려진 반대편에, 그러니까 '어떻게 할 수 있는가'라는 문장 아래에 우리가 지금부터 3일 안에, 하루 세 시간 동안 300만 달러를 모금할 수 있는 방법에 관해 떠오르는 아이디어들을 모두 적을 거예요."

템플턴은 사뭇 엄중한 목소리로, 방법을 알아낼 때까지 모두 사무실에 머물러야 한다고 말했다. "우리는 어떻게 해야 곧장 300만 달러를 모금할 수 있는지, 생각만 하려는 게 아니에요. 아이디어들이 나오면 바로 실행할 겁니다!"

다시 한번 침묵이 흘렀다. 마침내 누군가가 말했다. "캐나다 전역에서 라디오 방송을 하면 되겠어요."

템플턴이 말했다. "훌륭한 생각이에요." 그리고 이 아이디어를 '어떻게 할 수 있는가' 밑에 적었다.

그가 플립차트의 오른쪽에 쓰기 전에 누군가가 말했다. "캐나다 전역에 라디오 방송을 할 수 없어요. 우리는 캐나다 전역에 방송국을 가지고 있지 않다고요!" 텔레미디어는 온타리오주와 퀘벡주에서만 방송국을 소유하고 있었기 때문에 이 반대의견에는 상당히 타당성이 있었다. 그러나 사무실 뒤편에서 누군가가 부드럽게 말했다. "통과!"

템플턴이 대답했다. "라디오 방송은 우리가 할 수 있는 일이지요. 이 아이디어는 놔둘게요." 그러나 이 아이디어는 실현 가능성이 희박하긴 했다. 라디오 방송은 경쟁이 매우 치열했다. 그래서 라디오 방송국들은 보통 함께 일하지 않았고, 방송국들이 서로 협력하게 만든다는 것은 현실적으로 거의 불가능한 일이었다.

갑자기 누군가가 제안했다. "인기 있는 진행자인 하비 커크Harvey Kirk와 로이드 로버트슨Lloyd Robertson이 프로그램을 진행하게 하면 됩니다." 이 두 사람은 캐나다의 TV 방송업계에서 전국적인 명성을 얻고 있는 앵커들이었다. 누군가가 대꾸했다. "그 사람들은 라디오에 출연하지 않을걸요." 그 순간 사람들이 입을 모아 외쳤다. "통과!" 템플턴은 그 순간 에너지가 바뀌었다고 말했다. 모두가 이 문제 해결에 관여했고, 창의적인 생각들이 얼마나 빠르고 맹렬하게 쏟아져나오기 시작하는지 놀라울 정도였다.

그날은 금요일이었고, 그다음 주 화요일에는 캐나다 전역에서 55개 라디오 방송국이 릴레이 방송을 이어갔다. 템플턴이 제안한 훌륭한 아이디어와 대의명분을 위해 함께 일하기로 합의한 것이다. 이들은 배리의 이재민들이 도움을 받을 수 있다면 누가 공로를 인정받느냐는 중요치 않다고 느꼈다. 하비 커크와 로이드 로버트슨이 프로그램을 진행했고, 3일에 걸쳐 하루 세 시간 동안 300만 달러를 모금하는 데 성공했다.

이미 증명되었듯 당신이 원하는 것이 무엇이든 손에 넣을 수 있다. '어떻게 할 수 있는가'에 초점을 맞추고, 할 수 없다고 말하는 모든 생각에 "통과!"라고 말하라. 처음에는 어려울 수도 있다. 하지만 부정적인 생각이 떠오를 때마다 끈질기게 "통과!"를 외친다면, 긍정적인 생각이 물결을 이루며 당신의 경이로운 마음속에 넘쳐흐를 것이다.

심리학자 알프레트 아들러Alfred Adler는 "나를 움직이는 생각에 감사하다."라는 범상치 않은 명언을 남겼다. 창의적이고 진취적인 생각들이 당신의 존재 구석구석에 새로운 생명을 불어넣는다는 사실에는 반론의 여지가 없다. 이 생각들은 당신 안에 잠자고 있는지조차 몰랐던 부분을 깨워준다.

"나를 움직이는 생각에 감사하다."

– 심리학자 알프레트 아들러

밥 템플턴은 단 한 푼도 받지 않고, 배리의 주민들을 위해 300만 달러를 모금하려고 캐나다 전역의 55개 라디오 방송국을 총괄 지휘했다. 이런 것이야말로 질서정연한 우주임을 반드시 기억하자. 이 프로그램은 정확히 하느님의 뜻에 따라 그의 방식대로 진행되었다. 선행을 하면 언젠가는 보답받게 된다는 것 말이다.

나는 이 이야기를 내 친구 잭 캔필드와 마크 빅터 한센에게 전했다. 그들은 내 이야기를 흥미롭게 들었고《영혼을 위한 닭고기 수프》에 실었다.

나는 최근에 한 부동산회사를 위해 한센과 함께 위성 텔레

비전 방송에 출연했다. 한센은 자신의 책이 600만 부나 팔렸다면서 '333' 일화를 읽은 독자들이 끊임없이 편지를 보내온다고 말했다. 편지의 내용인즉슨 이 원리를 자신의 인생에 적용해 마음의 마법을 부리는 데 사용한다는 것이었다.

생각해보자. 수백만 명, 수천만 명의 사람들이 인생에서 긍정적인 일이 벌어지도록 자기를 변화시키고 있다. 밥 템플턴은 브레인스토밍으로 여러 아이디어를 끌어냈으며 고작 3일 안에, 하루 세 시간 동안 300만 달러를 모금했다. 그가 이 목표를 이룰 수 있었던 것은 그것이 불가능한 이유에 전혀 귀를 기울이지 않았기 때문이다.

그 후로 밥 템플턴은 직원들과 함께 원하는 것을 333 기법으로 실행하는 습관을 갖게 됐다. 그 결과 캐나다 전역에서 방송국을 운영하는 거대 기업 뉴캡NewCap 방송사의 사장이 되었다는 소식을 전해왔다. 밥 템플턴이 어디로 가든 항상 선의의 힘이 따를 것임을 나는 확신한다. 이제 그는 어디서든 놀라운 수익을 얻는 사람이 되었다. 아니, 수익이 저절로 따르는 사람이 되었다.

원하는 것 모두에 '333' 기법을 적용하기 시작하라. 그러면 당신에게도 수익이 따라올 것이다.

베풀어라

얻으려고 애를 쓰지만 그의 창고는 여전히 초라했네.

현자를 향해 간절하고 열렬한 목소리로 울부짖었지.

"어떻게 해야 성공적으로 살 수 있을지 제발 말해주오."

그리고 현자가 대답했네. "얻기 위해선 베풀어라."

베풀기 위해 그는 물었지. "무엇을 베풀어야 합니까?

제겐 빵도 부족합니다. 어쨌든 사람은 살고 봐야지요.

하지만 저는 부유한 삶을 누리고 싶습니다."

현자의 대답이 돌아왔네. "그렇다면 더 베풀어라."

그는 교훈을 얻었네. 얻으려던 마음은 잊었지.

대신 새로 품게 된 사랑을 안고 인류를 향하게 됐네.

유용한 삶에서 스스로를 내어주자

그의 삶은 기쁨으로 뒤덮였네.

그는 베풀면서 부자가 되었네.

– 아서 윌리엄 비어 Arthur William Beer

제 10 장

풍요로운 삶을 위한
비움의 법칙

마그 고모에게 바치는 장

자연은 공백을 혐오한다.

나는 이 장을 마그 고모에게 바치려 한다. 마그 고모는 삶을
바꿔줄 이 위대한 법칙을 어린아이처럼 순수하게 믿고 심오
하게 이해한 분이기 때문이다. 오늘날에도 고모는 나를 볼
때마다 '풍요로운 삶을 위한 비움의 법칙'the vacuum law of pros-
perity (흔히 '진공 번영의 법칙'으로 번역되지만 전체적인 흐름과 맥락
상 이 책에서는 '비움의 법칙'으로 번역한다.— 역자)을 알려준 것
에 대해 진심으로 고마워한다. 이 법칙을 배운 덕에 마그 고
모와 고모 가족들은 예전에는 경험할 수 없었던 삶의 평온함
을 충분히 즐기고 있다. 고모가 새로운 깨달음을 얻지 못했
더라면 고모의 가족은 이토록 아름다운 인생을 누리지 못했

을 것이다.

마그 고모는 촌수로는 고모지만 사실 나보다 고작 몇 살 더 많다. 그래서 우리는 어린 시절부터 아주 좋은 친구로 지내왔다. 나는 마그 고모와 그 가족을 깊이 사랑하기 때문에 여기 담긴 생각들을 몇 년에 걸쳐 그들과 나눈 것에 충만한 만족감을 느꼈다. 특히 마그 고모 가족이 이 새로운 지식을 적용해서 완전히 새로운 방식으로 살아가는 모습을 지켜볼 수 있다는 건 크나큰 기쁨이다.

뭔가를 얻으려면 먼저 비워내야 한다

마그 고모가 이 역동적인 법칙, 즉 비움의 법칙을 처음 알게 된 것은 약 10년 전이다. 당시 고모와 고모 가족들은 번영을 주제로 한 내 세미나에 참석했고, 세미나가 끝나자마자 나는 마그 고모네 집을 방문했다. 고모와 돈 고모부, 그리고 나는 번영과 관련해서 다양한 생각을 나눴고, 어느 순간 이들 집의 문제가 불거져 나왔다. 마그 고모는 거실을 둘러보며 눈에 띄게 속상해했다. 그리고 화가 난 목소리로 자기들이 살아온 방식이 지긋지긋하고 진절머리 난다고 털어놨다.

고모는 커튼을 가리키며 이렇게 말했다. "그거 알아? 나는 이 구닥다리 커튼, 딱 질색이야."

나는 고모를 향해 웃으며 말했다. "아냐, 그럴 리가. 마그 고모는 저 커튼이 마음에 드는 게 틀림없어. 안 그러면 왜 계속 거실에 걸어두겠어. 우리는 우리가 좋아하거나 조화를 이룰 수 있는 것들만 곁에 두려 하거든."

마그 고모는 자신이 전혀 마음에 들지 않는 커튼을 곁에 두는 이유가 그것을 사랑하기 때문이란 걸 받아들일 수 없다고 했다. 우리 대화를 듣던 돈 고모부는 우리 둘 다 머리가 좀 이상하다고 생각했다. 마그 고모는 내가 설명한 내용을 이해하려 애쓰고 있었고, 나는 실제로 그런 생각을 믿고 있었기 때문이다.

그럼에도 나는 설명을 이어갔다. 한 사람이 다른 사람이나 물건을 계속 가까운 곳에 둔다는 것은 그 사람이나 대상과 조화로운 진동 안에 존재하기 때문일 수 있다고 알려주었다. 그리고 '사랑'은 공명 혹은 조화로운 진동을 뜻하는 또 다른 말이라는 것도 설명했다. 마지막으로 나는 내가 막 언급한 것이 바로 우주의 법칙이라고 덧붙였다. 이들이 온전히 이해하든 말든, 심지어 믿든 말든 상관하지 않고 그 진실들을 말했다.

마그 고모가 말한 대로 정말 그 커튼이 싫었다면 그녀는 그것을 거기 걸어두지 않았을 것이다. 그 커튼을 떼어내 세탁한 뒤 더 좋은 용도로 사용할 수 있게 지체장애인단체나 구세군, 성 빈첸시오 회, 혹은 아무 자선단체에나 이미 갖다 줬을 거라는 설명도 덧붙였다.

돈 고모부가 나를 당혹스러운 눈초리로 바라보더니 이렇게 말했다. "고모는 절대 커튼을 떼지 않을 거란다. 대신 그 자리에 걸 만한 게 마땅히 없거든. 그렇다고 새로 살 형편도 안 되고."

나는 이렇게 대답한 기억이 난다. "고모부, 먼저 공간을 마련하기 전까지는 새로운 커튼이나 가리개를 절대 걸 수 없어요. 바로 이 점이 번영하는 삶 혹은 행복한 삶을 위한 비움의 법칙에 숨겨진 진짜 비밀이에요. 낡은 커튼을 치워야 새로운 커튼을 걸 공간이 만들어진다는 말이죠. 비워야만 채울 수 있어요."

먼저 뭔가를 내놓으려 하지 않는다면 새로운 것을 얻을 수 없다. 명심하자. 준다는 것은 완전히 떠나보낸다거나 완전히 포기한다는 의미다. 물질세계에만 집착하는 사람에게는 실천은커녕 이해하기조차 힘들 정도로 몹시 어려운 개념이다.

먼저 뭔가를 내놓으려 하지 않는다면 새로운 것을 얻을 수 없다.

약간의 깨달음은 엄청난 결과의 차이를 만든다

우리는 이 주제로 한동안 토론을 더 이어갔고, 마그 고모는 곧바로 행동으로 옮겼다. 고모는 몇 년 동안이나 짜증을 내며 바라보던 커튼을 떼어냈다. 그러자 오래도록 분노를 자아낸 원인에서 즉각 벗어날 수 있었다. 고모가 그 커튼을 볼 때마다, 아니 생각할 때마다 부정적인 이미지가 의식적 마음의 스크린에서 곧바로 번쩍였다. 그러면 고모는 부정적인 진동으로 옮겨가고, 그렇게 해서 자신이 원치 않는 것들을 더 많이 인생으로 끌어왔던 것이다.

　고모가 창문에서 커튼을 떼어내기 시작하자 돈 고모부는 벌컥 화를 냈다. 하지만 마그 고모는 고모부의 엄청난 반대와 저지에도 결코 물러서지 않았다. 그러곤 내가 고모의 마음에 심은 생각을 계속 행동에 옮겼다. 그 모습을 보며 돈 고모부는 결국 이렇게 말했다. "내가 좋든 싫든 간에 이제는 새로운 커튼을 살 수밖에 없겠군."

나는 그날 두 사람에게 어떻게 해야 새로운 커튼을 구할 수 있을지, 그 문제는 걱정하지 말라고 했다. 중요한 것은 고모와 고모부가 곧 필요한 것을 가지게 되리라는 사실이었다. 여기에 이해하기 어려운 이유가 있는 것도 아니라고 설명했다. 사람은 누구나 어항처럼 속이 훤히 들여다보이는 곳에서는 오래 살지 못하기 때문이다.

한동안 돈 고모부와 마그 고모는 창문에 커튼을 달지 않고 살았다. 그러던 어느 날 고모네 집을 방문했을 때 드디어 커튼이 달린 걸 볼 수 있었다. 마그 고모는 마음에 드는 커튼을 구했고 걸고 싶은 곳에 그 커튼을 걸었다. 이 위대한 진실에 대한 깨달음이 고모의 의식 속에 스미기 시작한 것이다.

얼마 안 돼서 고모네 거실에는 그 어떤 가구도 남지 않았다. 마그 고모는 몇 년 동안이나 자리를 차지하고 있던 가구들에 진력이 났고 그것들을 치워버렸다. 그런 행동을 통해 고모는 자신이 원하던 모습으로 집을 꾸밀 수 있도록 자연스레 공간을 마련했다. 새로운 가구를 들이고 새로운 장식을 하는 등 곧 집 전체가 완전히 바뀌었다. 이제 고모는 원하는 모습 그대로의 집을 가지게 됐다.

며칠 후 나는 아내와 함께 고모네 집을 방문했다. 돌아오는 길에 아내 린다가 내게 말했다. "고모 집이 정말 멋져 보여. 그렇지?"

그 뒷이야기를 알고 있던 나는 아내의 말에 빙그레 웃을 수밖에 없었다. 뭔가를 치울 때마다 벌어지던 그 다양한 전투의 일부가 나왔기 때문이다. 마지막으로 마그 고모와 통화를 할 때 고모는 이렇게 말했다. "사소한 지식으로 인생에서 어마어마한 차이를 만들어낼 수 있다는 게 놀랍지 않아? 조금만 배우면 많은 걸 받을 수 있다는 사실 말이야."

이 말은 정말이다. 약간의 깨달음은 엄청난 결과의 차이를 만들어낸다. 당신이 좋아하지 않는데도 주변에 그대로 놓여 있는 물건이 무엇인지 자신에게 물어보자. 그 후 '이 물건은 잘 싸서 치워버리고, 내가 정말로 원하는 물건을 놓을 수 있도록 공간을 만드는 게 어때?'라고 스스로에게 말해보자. 내가 언급했던 이 법칙을 인생의 모든 측면에 적용해야 한다는 것을 기억하자.

우유부단함은 성취를 가로막는다

세미나를 진행하면서 나는 여러 차례 이 법칙을 언급했다. 사람들은 거의 다 새 옷을 좋아하지만 대부분은 옷장에 새

옷을 넣을 자리가 없다. 아마 사람들은 옷장에 뭔가를 걸기 위해 기존의 옷들을 한쪽으로 밀어내고 또 다른 옷걸이를 걸어야 할 것이다. 아이러니한 점은 당신이 평생 입지도 않을 옷들이 옷장에 빽빽하게 걸려 있으리라는 점이다.

말은 이렇게 하지만, 당신이 가진 옷 중에는 비싼 것도 있을 테고 아까워서 버리기가 꺼려진다는 점도 이해한다. 그러나 나도 알고 당신도 알고 있는 사실이 있다. 어떤 옷들은 입었을 때 왠지 편안하게 느껴지지 않아서 혹은 왠지 마음에 들지 않아서 옷장 속에 그대로 걸려 있기도 하다는 것을. 그래서 나는 그 옷들을 당장 치우라고 강력하게 말하고 싶다. 불필요한 옷, 안 입는 옷들을 치우면 당신이 구입하고자 하는 새 옷을 걸 만한 공간을 자연스레 만들 수 있다.

다음 프로젝트를 지금 바로 실행에 옮겨보자. 참빗으로 훑듯이 당신의 옷장을 주의 깊게 확인한 뒤 입지 않는 옷은 몽땅 빼내자. 일단 이 작업을 한 다음에는 그 옷들은 다 치워버려라. 그러면 빈 공간을 만들어낼 수 있다. 자연은 공백을 싫어하기 때문에 비교적 빠른 시일 안에 옷장은 또 다른 옷으로 채워질 것이다. 그러나 이번에는 당신이 정말 입고 싶은 옷들로만 채워질 것이다.

내가 언급한 과정은 결코 끝이 없으므로, 평생 실천에 옮기도록 계획해야 한다. 당신이 열망하는 바람직한 결과를 위해 계속해서 공간을 만들어내야 한다. 이 지식을 마음속 가장 중요한 자리에 계속 간직하자. 번영을 위한 비움의 법칙에서 가장 중요한 점은 새로운 것을 위한 자리를 마련하기 전에 오래된 것을 내보내야 한다는 것이다.

또 다른 주의점이 있다. 원치 않은 물건들을 절대로 팔지 말고 그냥 줘버려야 한다. 이 조언은 당신이 살면서 몸에 밴 방식과는 정반대로 들릴지도 모른다. 하지만 주어야만 받을 수 있다는 원리를 이해하자. 돈을 받고 물건을 팔면 그렇게 해서 번 돈이 당신이 받을 수 있는 전부가 된다. 돈을 받지 않아야 다른 더 좋은 것, 진정 당신이 원하는 것을 받을 수 있다. 위험한 접근법처럼 들릴지 모르지만 이것이야말로 제대로 된 접근법이다.

안 입는 옷처럼 원치 않는 물건을 치울 때는 절대로 돈을
받고 팔아선 안 되며 그냥 줘야 한다. 줄 때는 진정 당신이
원하는 것으로 보답받게 되리라고 한껏 기대하자.

뭔가를 과할 정도로 줄 수는 없다는 점을 이해하자. 그러

나 줄 때는 뭔가를 보답으로 받게 되리라고 한껏 기대하자. 뭔가를 준 상대에게 그대로 돌려받을 가능성은 아주 드물다. 그러나 언젠가는 받게 되어 있다. 구름 두 점이 맞부딪치면 비가 내리는 것처럼 확실한 원리다.

이 보편적 법칙을 제대로 이해하고 익히는 것은 개인적으로 엄청난 이득이 된다. 특별히 정해진 어떤 사람, 또는 어떤 상황만을 콕 집어 말하는 것이 아니다. 아주 정확한 방식으로 작동하며 우리 삶을 움직이는 무한한 힘에 대해 이야기하는 것이다. 인생에서 새로운 뭔가를 얻고 싶을 때마다 새것이 들어올 자리를 마련하자. 이 법칙을 제대로 실행하자.

번영을 위한 비움의 법칙은 물리적인 세계뿐 아니라 정신적인 영역에도 적용된다. 우리는 새로운 생각을 떠올리고 싶을 때마다 먼저 낡은 생각을 떠나보내야 한다. 혹은 늘 해오던 생각에 반론을 제기해야 한다.

불행히도 많은 사람이 이러한 진리를 받아들이지 못한 채 몹시도 힘겨운 시간을 보낸다. 이 사람들은 가끔 반대되고 모순되는 생각을 동시에 떠올린다. 이들은 평생을 '할까, 말까, 할까, 말까…' 망설이면서 동요하는 상태로 살아간다. 그야말로 우유부단함에 빠져 이러지도 저러지도 못 하는 것이다. 계속 이러다 보면 당연히 정신적인 괴로움과 혼란에 빠질 수밖에 없다. 우유부단함이나 혼란은 사람들이 위대한 것을 성취하지 못하도록 방해하는 가장 큰 원인 가운데 하나임을 명심하자.

쓸모없는 옛 생각과 케케묵은 옛것에 집착하는 이유

왜 우리는 옛 생각 또는 옛 물건에 집착할까? 아주 흥미로운 질문이다. 똑같은 질문을 수천 명에게 한다면 아마 책 한 권을 써도 부족할 정도로 다양하고 많은 답을 듣게 될 터다. 그런데 불행히도 이 답은 대부분 두 번째 원인을 제시할 뿐이다. 이 참혹한 문제의 주요 원인에 대해서 제대로 말하는 사람은 극히 드물다.

그럼 무엇이 문제의 주요 원인일까? 이 원인은 모든 사람들의 깊숙한 속내에 자리하고 있으며 본질적으로는 거의 똑같다. 더 이상 당신의 애를 태우지 않으련다. 답은 다음과 같다. 우리는 '새로운 생각과 새로운 것들을 습득할 수 있는 자신의 능력을 믿지 않기 때문'에 옛 생각과 옛것에 집착한다. 새로운 가능성을 믿지 못하다 보니 불안정한 상태에 놓인다. 그리고 불안정함은 당신이 누구이고 무엇인지 이해하지 못

하는 무능함에 기인한다. 당신은 무한한 힘을 지니고 있음에
도 그것을 깨닫지 못한 채 뒤틀리고 부정적인 이미지들을 부
여잡고 산다.

당신의 진정한 자아는 한계를 모른다. 그것을 깨달아야만
가능성을 발견할 수 있다. 실제로 당신은 열망하는 거의 모
든 것을 가지고 있다. 원하는 것을 행할 수 있으며 바라는 모
습이 될 수 있는 능력을 지니고 있다. 이 기본적인 진실을 인
정하지 못하기 때문에 사람들은 도전하지 못하고 두려워한
다. 자신에게 무한한 능력이 있음을 깨닫지 못하기 때문에
진정한 안정이 돈이나 물건에 달려 있다고 오해한다. 그래서
이미 가진 것들을 놓치지 않으려고 계속 손에 쥔 채 똑같은
것들을 더 모으려 노력한다.

이런 진리를 알기 위해 딱히 대단한 지혜가 필요한 것은
아니다. 원한다면 아주 간단하고 현실적인 실험으로 '번영을
위한 비움의 법칙'을 증명할 수 있다. 평범한 컵 하나를 꺼내
서 탁자 위에 올려두자. 그 후 컵이 놓인 자리에 다른 뭔가를
놓을 수 있는지 자신에게 묻자. 그 답은 당연히 '놓을 수 없
다'다. 적어도 컵을 치우기 전까지는 그렇다.

이 원칙은 다른 데도 모두 적용된다. 거실 한가운데 소파
가 놓여 있다. 그 소파를 치우지 않는 한 결코 그 자리에 새

로운 소파를 놓을 수 없다. 마찬가지로 옷장 가득 옷이 걸려 있다면 그 자리에 새로운 옷을 걸 수는 없다.

이 원칙은 생각의 영역에도 적용된다. 예를 들어 당신이 동쪽으로 여행을 해야 한다고 생각하면서 동쪽 방향으로 향한다. 그런데 불쑥 서쪽으로 여행해야 한다는 생각이 든다면 어떤가? 심히 곤란해진다. 동시에 양방향으로 여행할 방법은 없다. 따라서 한쪽 방향의 생각에 따라 행동하기에 앞서 다른 한쪽 방향의 생각은 떠나보내야 한다. 이미 설명했듯 자연은 무조건 공백을 혐오하기 때문이다.

새로운 것을 원한다고 진지하게 염원한다면, 우선 옛것을 치우고 새로운 것이 들어올 자리를 마련하라. 이것이 인생의 철칙이다. 그러나 이를 진정으로 이해하는 사람은 천 명 중 한 명 정도다. 천 명 중 한 명의 사람은 지금 현재를 매우 편안하게 살아갈 뿐 아니라 매일 빠른 속도로 전진하고 있을 터다.

당신의 인생에도 이 법칙을 적용해보자. 이 장에서 제시하는 내용을 실제로 활용해보면, 언제 어디서나 작동한다는 것을 알게 될 것이다. 결코 실패하지 않으리라.

마음에서 꼬인 구석을 제거해야 성장한다

신은 항상 완벽하게 자신을 드러낸다. 따라서 무엇이든 완벽하지 않은 것들이 존재한다면 이는 우리 탓이다. 개인적으로든 집단적으로든 잘못된 방식으로 생각해서 나타난 결과다. 그러니 뭔가를 잃을까 두려워하며 집착할 필요가 없다. 사실 무엇이든 손에서 놓지 않으면 제대로 즐길 수 없는 법이다. 언젠가 될 수 있는 그 위대한 인간으로 성장하려면 인생의 모든 부정적인 영역에서 자유로워지는 것이 필수이기 때문이다. 표현을 바꿔보자면, 당신이 열망하는 바람직한 결과를 달성하려면 에너지가 아무런 방해도 받지 않고 당신을 통해 자유롭게 흘러야 한다.

이쯤에서 이런 궁금증이 생길 수 있다. "그 방해라는 게 뭐지?" 몇 가지를 나열해보자. 의심, 죄책감, 증오, 그리고 결핍이나 한계에 관한 모든 생각이다. 모든 부정적인 생각이 여기에 속한 이 생각들은 창조적인 에너지가 당신을 향하고 당신을 통해 흐르지 못하게 방해한다. 당신은 마음으로 아름다운 이미지를 떠올리려 애쓰고 그렇게 해서 경이로운 기분을 느낄 수 있다. 하지만 이런 방해꾼 때문에 결국 좌절만 겪게 된다.

당신의 문제는 당신이 창조하려는 아름다운 이미지를 위한 공간을 만들지 않았다는 데 있다. 당신이 열망하는 바람직한 결과를 위해 공간을 마련하려면 먼저 이 모든 방해물을 제거하기로 결심해야 한다.

당신의 몸이 비물리적이고 창조적인 에너지가 흘러가는 도구라고 시각화해보자. 몸은 마치 뒷마당에 물을 뿌릴 때 사용하는 평범한 정원용 호스와 같다. 잠시 집 앞 화단에 물을 주기로 결심했다면 호스를 집 앞으로 끌어와야 한다. 그러나 호스를 끌어오다가 둘둘 말리고, 호스를 당기는 과정에서 당신도 모르게 호스가 꼬일 수 있다.

물이 충분히 있다 하더라도 중간에 호스가 꼬이면 물이 찔끔찔끔 한 방울씩 나온다. 호스의 꼬인 부분이 물의 흐름을 방해하기 때문에 물줄기가 흘러나오지 못하고 막힌다. 물이

성장을 방해하는 것들

- 의심
- 죄책감
- 증오
- 결핍이나 한계에 대한 생각

이 모두가 창조적인 에너지의 흐름을 가로막는 부정적인 생각이다.

자유롭게 흘러 화단에 퍼져야 식물에 새로운 생명을 불어넣을 수 있다. 마찬가지로 마음속에 간직하고 있는 부정적인 생각이 당신과 당신의 성과에 새 생명을 불어넣을 수 있는 에너지의 흐름을 가로막는다.

정원용 호스의 경우 물의 흐름을 방해하는 원인을 찾으려고 즉각 조사에 들어갈 수 있다. 일단 꼬인 부분을 찾아내 그 부분을 풀어주면 물이 다시 끊기지 않고 자유롭게 흐른다.

정원용 호스를 설명했던 과정은 당신이 경이로운 마음에 대해 착수해야 할 과정과 정확히 똑같다. 당신을 방해하는 모든 장애물을 떠나보내야 한다. 마음속 꼬인 부분을 풀어주자. 그러면 창조적인 에너지가 당신 내부에서 흘러넘치는 걸 곧 깨달을 수 있다. 창조적인 에너지는 실제로 부족한 적이 없었다. 앞으로도 절대 부족하지 않을 것이다. 마음속으로 부주의하게 혹은 무의식적으로 꼬아버린 부분은 우리 삶의 가능성을 가로막는다. 전혀 다른 인생을 살 수 있는 생명력의 흐름을 제한한다.

이 책의 각 장은 다양한 개념들을 강조하고 있다. 이 창조적인 에너지가 당신 내부를 자유롭게 흐르도록 허용하는 것만으로도 상당한 도움이 된다. 반드시 이 개념들을 현실에서 활용해야 한다.

당신은 이 책을 모두 읽었다. 이제 책의 첫 부분으로 돌아가 각 개념들을 제대로 활용했을 때 얻을 수 있는 결과들을 현재 삶에서 누리는 것들과 비교해보아라. 한 장 한 장 아주 진지하게, 그리고 느긋한 태도로 공부해야 한다. 그것들이 당신의 인격을 구성하는 고정 요소가 될 때까지 각 개념을 계속 행동으로 옮기자.

지금 당장 인생의 결과가 어떻게 나타나는지와 상관없이, 진정으로 당신은 부자로 태어났다.

꿈

하느님은 당신에게 평생 쓸 것보다 더 많은 재능과 능력을
내려주셨지. 당신이 하느님께 바칠 선물은 이 삶에서
그 재능과 능력을 한껏 개발하고 활용하는 것이라네.

– 스티브 보

BORN
RICH